KULTURARBEIT

Kleiner Stimmungs-Atlas in Einzelbänden
Hg. Gustav Mechlenburg, Nora Sdun
Gestaltung: Christoph Steinegger/Interkool
Korrektur: Textem

Bd. 30 – K: Kulturarbeit
Michael Hirsch

Druck: Kerschoffset d.o.o.
ISBN 978-3-86485-262-6
www.textem-verlag.de

MICHAEL HIRSCH

KULTURARBEIT

Progressive Desillusionierung und professionelle Amateure

Textem Verlag

Das unautonome Objekt /
The unautonomos object, 2010
Galeria Foksal und Center Centre for
Contemporary Art Ujazdowski Castle,
Warschau / Warsaw, PL

Philipp Messner und

INHALT

1.) *DAS UNBEHAGEN AN DER KULTURARBEIT.* KUNST, GEIST UND GELD

Es ist noch nicht absehbar, wie sich das kulturelle Leben wieder vom Schock der Pandemie erholen wird – vor allem das der Personen, die das kulturelle Leben hervorbringen. Obwohl es 2020 und 2021 immer wieder beschworen wurde: Von einer wirklichen Besinnung darauf, was wichtig ist und unwichtig, was richtig oder falsch, was interessant und was langweilig ist, was notwendig und was überflüssig, ist wenig zu spüren. Die Zwangspause sogenannter Präsenzveranstaltungen war nicht selbst gewählt von den Protagonisten, sondern verordnet. Mit diesem Buch möchte ich dafür plädieren, diese Besinnung nachzuholen. Es darf kein »back to the old normal« geben. Denn dieses scheinbar Normale war immer schon höchst fragwürdig. Wir, die Esel des Kulturbetriebs, sollten innehalten, bevor wir weiter brav der Karotte der versprochenen Belohnungen hinterhertrotten, die direkt vor unserer Nase, aber für die meisten unerreichbar am Gestell des Betriebs herunterhängt (siehe Frontispitz).

Es gibt nicht nur ein allgemeines Unbehagen an der Kultur, wie Freud das Leiden an den zivilisatorischen Bedingungen und Zwängen der bürgerlichen Gesellschaft genannt hat. Es gibt in der Moderne immer auch schon ein Unbehagen an der Kulturarbeit: an ihren Produktionsverhältnissen. Also an den Bedingungen, unter denen bildende und performative Künstlerinnen, Wissenschaftlerinnen, Musiker, Publizisten und Schriftstellerinnen diejenigen Tätigkeiten ausüben, die modellhaft für ein anderes, freieres Verhalten zu den Dingen, zu den anderen und zu sich selbst stehen. Insofern gibt es nichts Moderneres als die Selbstkritik bürgerlicher Kunst und bürgerlicher Wissenschaft an den materiellen und symbolischen Beschränkungen, die ihrer Freiheit und ihrer emphatischen Aufgabe in der bürgerlichen Lohnarbeitsgesellschaft auferlegt sind.

Das Unbehagen an der Kulturarbeit ist also wesentlich älter als ihre gegenwärtige Existenzkrise in Folge der Coronapandemie. Es verschärft sich lediglich: Es explodiert. Es gilt daher der aktuellen Frage nach dem materiellen Überleben bürgerlicher Künstler und Denkerinnen angesichts ihrer massenhaften Proletarisierung mit der klassischen Frage nach Sinn und Auftrag ihrer Arbeit zu verbinden. Die Krise bietet eine Gelegenheit für eine Inventur; für eine Revision der scheinbar selbstverständlichen institutionellen Normalitäten und symbolischen Erwartungen. Infrage steht ein ganzes Ensemble von Arbeits- und Lebensweisen. Ähnlich wie Kleinhandel und Gastronomie ist die Kultur Teil einer urbanen Infrastruktur. Diese ist volkswirtschaftlich nicht relevant. Aber für ihre Produzentinnen und die Lebendigkeit ihrer jeweiligen Milieus ist sie ebenso essenziell, wie sie für das urbane Publikum ein wesentlicher Teil der Lebensqualität ist.

Kulturelle Arbeit, das ist ja eigentlich fast schon ein wahres Leben: nicht völlig, aber partiell befreit von Lohnarbeit, Entfremdung und dem Zwang zur Nützlichkeit. Das Unwahre liegt in den materiellen Produktionsverhältnissen, die kulturelle Arbeit mehr und mehr verlohnarbeitlichen, entfremden und (realen wie fiktiven) Nützlichkeitskalkülen unterwerfen. Es ist die falsche Verberuflichung, die falsche Professionalität geistiger Arbeit im Rahmen eines Syndroms von Konkurrenz, Mehrarbeit und Überproduktion, von schmählichen Abhängigkeiten von Auftraggebern und Geldgebern. Das Unwahre ist die falsche Hoffnung auf eine in der Zukunft irgendwann einmal etablierte Existenz. Darin unterscheiden sich Kulturarbeiterinnen und Kulturarbeiter kaum von anderen Angehörigen des Dienstleistungsprekariats.

Es wäre Zeit, damit aufzuhören, weiter so zu tun, als ob es sich um »normale« Berufe handelte, Arbeit, die dauerhaft den Lebensunterhalt sichert. Professionalität richtet eine falsche Norm auf. Das ist falsch zum einen, weil die mit ihr verbundenen Erwartungen und Versprechungen immer nur für wenige erreichbar sind und alle anderen zu Verlierern machen. Nur die allerwenigsten können dauerhaft von ihrer Arbeit als Künstlerinnen, Autoren, Wissenschaftlerinnen, Musiker und Schauspielerinnen leben. Zum anderen, und noch grundlegender, ist der Anspruch der Professionalität falsch, weil er ein falsches Ziel verfolgt: Lohnarbeit und maximale Verwertung der Arbeitskraft, Verschmelzung mit dem

Betrieb anstatt Befreiung vom Nützlichkeits-, Anschluss- und Verwertungszwang.

Dem Unbehagen an der Kulturarbeit möchte ich mit einer progressiven Desillusionierung begegnen. Ich plädiere dafür, dass wir – die Esel des Kulturbetriebs, die Künstlerinnen, Autoren, Schriftstellerinnen, Wissenschaftlerinnen und Musiker – nicht länger brav hinter der Karotte falscher Versprechen und Erwartungen dieses Betriebs herlaufen. Es ist Zeit für eine Pause: Die Eselin zögert.

Gefragt wäre eine progressive Desillusionierung, das bedeutet gerade nicht, die Erwartungen und Ambitionen an unser Leben und unsere Arbeit zu reduzieren und bescheidener zu werden. Es bedeutet nicht, weniger emphatisch und leidenschaftlich zu arbeiten und zu wünschen. Es bedeutet vielmehr, die Erwartungen zu überprüfen und das Begehren ein wenig zu verschieben, es auf andere Ziele und Gegenstände zu lenken, die weniger diejenigen des Betriebs und seiner Lockungen sind. Welche Aufträge, Ziele, Lebensweisen und Handlungsformen sind es, die möglicherweise längst da sind, unbemerkt, in unserem Alltag; aber noch nicht sichtbar gemacht und entfaltet worden sind?

Künstler: Das sind Künstlerinnen im weiteren Sinne, also alle ganz oder teilweise selbstständigen Kulturarbeiterinnen. Es sind gar nicht so sehr Angehörige eines bestimmten Berufs als eher Figuren der Emanzipation von sozialen Zuschreibungen, Rollen, Funktionen und Aufgaben. Drinnen und draußen zugleich: Künstler und Denkerin wären dann

Figuren von Arbeit und Leben wider die Autorität der jeweiligen Institutionen – die professionellen Felder von Kunst, Wissenschaft, Literatur, Musik und Journalismus. Figuren einer Arbeit gegen die Rollenidentität, die man »als Profi« einnimmt.

Die gegenwärtige Krise wäre eine Gelegenheit für *politische Reformen* mit Umverteilungen von Ressourcen und Chancen sowie *symbolische Revolutionen* mit kulturellen Umwertungen (eine Änderung des Berufsethos). Eine größere materielle und symbolische Unabhängigkeit der Kulturproduzentinnen vom Betrieb ermöglicht vielleicht die Emanzipation von den Versprechen auf Belohnungen, die für die allermeisten nie eingelöst werden – und die uns bisher in einem Hamsterrad der falschen Hoffnungen laufen lassen. Es geht dabei nicht nur darum, für eine bessere Zukunft zu kämpfen. Es geht auch darum, bereits in einer anderen Gegenwart zu leben.

* * *

> *Das ist es auch, was ich in meiner Arbeit über die Arbeiteremanzipation zu tun versuche, wenn ich über all diese ästhetischen Erfahrungen nachdenke; ich versuche, das positive Moment, das Emanzipationspotential zu bewahren, die Tatsache, dass man anders lebt. Noch einmal, in dieser Arbeit betrachte ich die Arbeiteremanzipation nicht einfach als die Tatsache, für eine bessere Zukunft zu kämpfen, sondern als die Tatsache, bereits eine*

andere Gegenwart zu leben. […] *Die Emanzipation besteht letztlich immer darin, aus der Rolle herauszutreten, die einem zugewiesen worden ist, und eine Fähigkeit zu beweisen, die sich dadurch auszeichnet, dass sie eine gemeinsame ist.*

(Jacques Rancière, *Politik und Ästhetik. Gespräch mit Peter Engelmann*, Wien 2016, S. 57 f.)

2.) *NO ARTIST LEFT ALIVE.* ZUR LAGE DES KULTURELLEN PREKARIATS IN DER KRISE

»No Artist left alive«: Unter diesem Titel erschien 2020 in der Zeitschrift *Arts of the Working Class* ein Artikel des kanadischen Kulturwissenschaftlers Max Haiven zur Existenzkrise selbstständiger Kulturarbeiterinnen und Kulturarbeiter in der Pandemie. Er analysiert die Dialektik von *wahrer* freier künstlerisch-intellektueller Tätigkeit (als einem universalen Modell der Befreiung von Lohnarbeit und dem Zwang zur Nützlichkeit) und *falscher* Unterwerfung unter eine prekäre Form kreativer Selbstausbeutung und Selbstunternehmertums. Wie Haiven plädiere ich dafür, dieser Dialektik stärker bewusst zu werden, anstatt sie als unaufhebbaren Widerspruch auf dem Grund unserer Existenz als Künstlerinnen und Autoren zu versenken.

In Zeiten von Krise und Rezession bedürfen die besonderen materiellen Interessen von Künstlerinnen über bestehende Institutionen wie die Künstlersozialkasse hinaus besonderer Rechte und sozialer Sicherungen als Kulturarbeiterinnen. Also Soforthilfen und Schutzrechte für ein Milieu, das, ähnlich wie die Landwirtschaft, nicht einfach nur Waren produziert, sondern auch ein Milieu, eine Kultur-Landschaft, eine besondere Ökologie reproduziert. Hilfen und Schutzrechte für eine Lebenswelt, aus der gleichermaßen Produktion wie Konsum kultureller Gebrauchs-Werte erwachsen. Besondere materielle Rechte für den Kulturbereich werden letztlich am besten zusammen mit den Interessen anderer Arbeiterinnen und Arbeiter vertreten, in Form eines generellen Programms von:

– sozialen Rechten wie dem Recht auf Kurzarbeit und Arbeitszeitverkürzung, um so möglichst vielen Zugang zu bezahlter Arbeit zu ermöglichen
– einer gerechteren Verteilung von gesellschaftlichen Arbeiten, Arbeitsplätzen und Belohnungen (im Kulturbetrieb wie in der normalen Ökonomie)
– Mindesteinkommen, Grundeinkommen und Grundrenten
– und dem Recht auf bezahlbares Wohnen und kostenlose öffentliche Infrastrukturen von Bildung, Freizeit, Sport, Mobilität und Gesundheit.

> *[M]any calls to support artists specifically, in the absence of universal provisioning and a radical reimiagination of value, risk once again making the* image *of the artist (as opposed to artists in their many actualities) a pawn in the machinations of capital's reproduction.*
>
> *Ultimately, what is likely best for artists is what is best for all workers: universal high quality free public services and the abolition of the age-discipline of capitalism. These demands seem surprisingly possible today and are in a strange way an actually existing fact in the emergency. If artists make common cause with others, we might be able to preserve and extend these* [...].[1]

Darüber hinaus brauchen wir aber eine selbstkritische, schöpferische Reflexion der Besonderheit der Lebens- und Arbeitsweisen als Künstlerinnen und Autoren, um deren Wahrheitsgehalt als gesamtgesellschaftliche Utopie zu entfalten (und von ideologischen Vereinnahmungen, dem bloßen »image of the artist« zu befreien). Es geht hier auch um die Vermeidung des Missverständnisses von Kultur und Kreativwirtschaft als Wertschöpfungs- und Dienstleistungsfaktor, mit dem Kulturarbeiterinnen in der Krise verzweifelt versuchen, ihre gesellschaftliche Nützlichkeit und Notwendigkeit zu belegen, um den geforderten Staatshilfen den Anschein der Legitimität zu verleihen.

Wir sollten also staatliche soziale Hilfen für alle fordern, aber gleichzeitig darauf insistieren, dass Kultur zwar existenziell wichtig ist, aber eben nicht »systemrelevant« oder »gesellschaftlich notwendig« wie die sogenannten kritischen Infrastrukturen. Worin liegt nun der Eigenwert dieser Art des Lebens und Arbeitens – wenn er nicht identisch sein soll mit den bekannten Formen prekärer Kreativarbeit, mit ihren unappetitlichen Begleiterscheinungen von Selbstausbeutung, permanenter Propaganda und Eigen-PR?

Kann man das kulturelle Spiel umdeuten, seinen Einsatz, seine Regeln, seinen Sinn und seine Belohnungen? Lässt sich das Richtige aus dem Fal-

1) Max Haiven, »No Artist Left Alive«, in: *Arts of the Working Class* Nr. 11 / April 2020

schen des Spiels herauslösen? Können wir, die Esel, damit aufhören, hinter der Karotte falscher Hoffnungen herzulaufen – und trotzdem den emphatischen Ernst von Kunst, Wissenschaft und Literatur weiter hochhalten, ja ihn überhaupt erst freilegen? Gibt es das Spiel noch ohne das, was Pierre Bourdieu die *illusio* nennt: den Glauben an den offiziellen Sinn der kulturellen Professionssysteme, der mit ihrer bürgerlichen berufsförmigen Organisation – letztlich mit der Macht des Betriebs und der kulturellen Institutionen zusammenfällt?

Das Leben im Widerstand und produktiver Spannung zu den professionellen kulturellen Feldern existiert längst massenhaft. Es ist nicht so sehr individuell wie eine gemeinsame Eigenschaft, ein Gemeineigentum. Und es wird immer schon versucht und geübt von einer riesigen Menge von Künstlerinnen, Schriftstellern, Wissenschaftlerinnen, Performern, Musikerinnen und Publizisten. Hier bedarf es aber noch einer viel besseren sozialen Absicherung sowie der intellektuellen Verdeutlichung und Entfaltung seiner konkreten Utopie.

Die Coronakrise, die ihren Anfang 2020/2021 nahm, hat die materiellen Probleme von Künstlerinnen und Intellektuellen verschärft. Sie hat die ohnehin bestehende Problematik prekärer Existenzformen verdeutlicht. Die Lage ist durch einen Grundwiderspruch gekennzeichnet: Die materielle Proletarisierung kultureller Arbeiterinnen und Arbeiter, welche aufgrund ihrer kulturellen Klassenzugehörigkeit gleichzeitig Angehörige der Bourgeoisie sind. Dieser Klassenwiderspruch ist bisher ein ungelöstes Rätsel auf dem Weg zur Einlösung des emanzipatorischen Versprechens kultureller Arbeit.

Mit der Krise liegen nun Zahlen auf dem Tisch: Insgesamt 2,2 Millionen Soloselbstständige in Deutschland, davon viele im Bereich der Kultur; massive Honorarausfälle bei Kulturarbeiterinnen, die ohnehin meist nur Einkünfte vergleichbar der sozialen Grundsicherung oder darunter haben. Die teils gezahlten, teils vorenthaltenen oder zurückgeforderten Soforthilfen zeigten, dass der Sozialstaat die Lebensrealität selbstständiger Künstlerinnen und Kulturarbeiter ebenso wenig versteht wie die anderer Kleinselbstständiger wie der Friseurinnen, Blumenhändler, Wäsche- oder Modeladenbetreiberinnen. Die Architektur des Sozialstaats mit ihren zu versichernden Hauptrisiken (Arbeitslosigkeit oder Verdienstausfall, Krankheit und Alter) ist fälschlicherweise darauf aufgebaut, dass Selbstständige Gutverdiener sind. Die Masse der schwächer Verdienenden fällt durchs Raster, partizipiert aber besonders im Fall der Kultur weiter an den gefährlichen Unabhängigkeitsillusionen des wilden und gefährlichen Künstlerlebens – auf die vor allem Jüngere hereinfallen. Wo für Beschäftigte anderer Branchen kluge Versicherungsinstrumente wie Kurzarbeit zur Verfügung stehen und übergangsweise den Lebensunterhalt sichern, klafft bei den kleinen Selbstständigen eine Lücke: Die Soforthilfen durften zu Beginn explizit nur für »Betriebsausgaben«, nicht für den Lebensunterhalt, nicht einmal für die private Krankenkasse verwendet werden. So werden die *Cultural Workers* also, wie andere *Working Poor* auch, zur Auflösung privater Ersparnisse gedrängt. Dazu schrieb die *Süddeutsche Zeitung* im Frühjahr 2020:

> *Dass eine frühzeitige Auflösung privater Altersversorgung massive finanzielle Nachteile mit sich bringt, wird dabei ebenso ignoriert wie die Tatsache, dass bis heute viele Mitarbeiter der Jobcenter völlig überfordert sind von den gemischten Berufskonstellationen freier Kulturmenschen, die häufig sowohl angestellt wie selbstständig arbeiten.*[2]

Die nach bundesweiten Protesten dann in Baden-Württemberg und Bayern nachgeschobenen Programme eines »Grundeinkommens« für kulturelle Soloselbstständige in Höhe von gut 1000 Euro für die Monate des Lockdowns haben den Makel, zum einen im Wesentlichen auf Mitglieder der Künstlersozialkasse beschränkt zu sein und zum Beispiel Schauspieler auszuschließen. Zum anderen waren sie wieder an den Nachweis der Bedürftigkeit geknüpft. Das heißt, im Gegensatz zum Kurzarbeitsgeld werden die staatlichen Hilfen zum Lebens-

2) Till Briegleb, »Betroffene fluchen, die Länder hören zu, Berlin blockiert«, in: *Süddeutsche Zeitung* Nr. 99, 29. 4. 2020, S. 9

unterhalt nicht bedingungslos und ohne Prüfung gewährt, sondern nur, wenn sie nicht durch eigene andere Einkünfte oder durch die von Lebenspartnern ausgeglichen werden können.

Es sind genau diese »gemischten Berufskonstellationen« kultureller und anderer Soloselbstständiger, die wir über die aktuelle Krise hinaus generell in den Blick nehmen und politisch absichern müssen. Was ist das für ein merkwürdiger »Beruf«, der massenhaft ausgeübt wird und doch in den meisten Fällen nicht dauerhaft zum Überleben ausreicht? Ein Beruf, der aus anderen Geldquellen, eigenen wie fremden Privatvermögen, Transferzahlungen sowie Einkünften aus eigenen wie fremden »regulären« Erwerbstätigkeiten bezuschusst werden muss?

Historisch neu ist dabei lediglich die Tatsache, dass die Arbeit von Kulturschaffenden nicht mehr nur einer kleinen vermögenden Elite zugänglich ist, sondern, wenn auch unter schwierigen Bedingungen, einer breiten Masse prekärer Geistesarbeiterinnen verschiedener sozialer Klassen. Die Funktionäre des Kulturbetriebs, die Oligarchen der Wissenschaft, der Kunst und der anderen Kultursparten, die Mitglieder der Berufungskommissionen und Jurys für Stellen, Preise, Stipendien, Förderungen und Fellowships hätten das gerne: Aber ob man »davon leben kann«, ist kein sinnvolles Prüfkriterium dafür, ob dieser Mensch eine »richtige Künstlerin«, eine »richtige Wissenschaftlerin« oder ein »richtiger Schriftsteller« ist. Das war es noch nie.

Das Problem kultureller Arbeit ist ein doppeltes:

– Genau wie andere Bereiche der Lohnarbeit, ja mehr noch als diese, ist sie durch das Phänomen extremer sozialer Ungleichheit charakterisiert. Durch eine Spaltung in einen kleiner werdenden Teil relativ Herrschender, regulär und relativ privilegiert Beschäftigter und Bezahlter, und einen größer werdenden Teil relativ Beherrschter, prekär und irregulär Beschäftigter und gering Bezahlter.
– Anders als die »normalen« Formen des prekären Dienstleistungsproletariats (aber durchaus verwandt mit anderen Kleinselbstständigen) handelt es sich nicht um gewöhnliche Lohnarbeit, sondern um eine Tätigkeit, die ihrem Wesen nach unklar ist: Sie schillert zwischen etwas, das man *für Geld* macht, und etwas, das man *um seiner selbst willen*, mit stark intrinsischen Motivationen macht.

Man muss beide Dimensionen des Problems auseinanderhalten, weil darin ein potenziell emanzipatorisches Moment liegt: *symbolische Selbstständigkeit* und *materielle Unselbstständigkeit*. Die Proteste von Künstlerinnen, Musikern und Schauspielerinnen gegen die Corona-Krisenpolitik der BRD entbrannten aufgrund der fehlenden sozialrechtlichen und gewerkschaftlichen Absicherung ihrer Tätigkeiten. So hat das Beharren auf der gleichsam unternehmerischen Besonderheit der Arbeit in Kunst und Kultur bisher verhindert, dass es in Deutschland ein

Äquivalent zum französischen System des »Intermittent du Spectacle« gibt: eine Art Arbeitslosenversicherung für freie Mitarbeiterinnen und Selbstständige im Kulturbetrieb, die in Phasen der Nicht- oder Unterbeschäftigung relevante Kompensationszahlungen in Höhe von mindestens dem gesetzlichen französischen Mindestlohn von aktuell 1.521 Euro monatlich erhalten.[3]

Die besonderen Lebens- und Arbeitsbedingungen freischaffender Künstlerinnen und anderer Geistesarbeiter finden in den Hilfsprogrammen kaum Berücksichtigung (wie im übrigen auch im Steuerrecht, wo im typischen Fall einer selbstständigen Schriftstellerin, einer Fotografin oder eines Journalisten, mit kleiner Wohnung, wo Arbeits- und Lebensbereich nicht voneinander zu trennen sind, immer noch dazu führt, dass Mietkosten nicht voll steuerlich absetzbar sind). Ebendiese besonderen Bedingungen gilt es genauer zu betrachten. Sie sind von einem grundlegenden Widerspruch durchzogen:

Ökonomisch gesehen handelt es sich beim kulturellen Prekariat um Arbeiter, also abhängig Beschäftigte. Die Betroffenen müssen also lernen,

3) Vgl. Berthold Seliger, »Neofeudale Almosen. Musiker*innen und Kulturarbeiter*innen fehlt eine Lobby. Das zeigt sich gerade in Corona-Zeiten«, in: *Konkret* 6/2020, S. 46

ihr Klassenbewusstsein zu schärfen, gemeinsam für ihre Rechte zu kämpfen und die gewerkschaftliche Vertretung zu verbessern.[4]

Obendrein sind die mit dem Begriff des Unternehmerischen nur unvollkommen beschriebenen Subjekte durchaus als kleinbürgerliche Boheme zu verstehen, um den spezifischen Unterschied in ihrer Lebens- und Arbeitskonstruktion zu markieren. Es gilt, materielle Abhängigkeit und symbolische Selbstständigkeit intellektueller und künstlerischer Arbeit *zugleich* zu markieren: Dies erfordert, die wachsenden sozialen Ungleichheiten im Kulturbetrieb und in der staatlichen Kulturpolitik nicht länger naiv mit einer neodarwinistischen Mythologie von Erfolg und Bedeutung zu begleiten, sondern sie energisch zu bekämpfen. Und mit ihr die ganze »neofeudale Almosenpolitik«: die gleichzeitig großzügige Förderung von »Leuchtturmprojekten« wie dem Humboldt Forum oder dem geplanten Berliner Museum der Moderne im dreistelligen Millionenbereich und die mickerige Gießkannenförderung kleinerer Kulturstätten und Kulturproduzentinnen.

* * *

*Natürlich sind Künstler*innen nicht im klassischen Sinne Lohnarbeiter*innen – so dass ihrer Lage nur*

4) Ebd., S. 47

schwer mit Konzepten beizukommen ist, die für Leute entwickelt wurden, die direkt ihre Arbeitskraft zu Markte trugen. Doch wäre die abhängige Beschäftigung und mit ihr der Mehrwertbegriff im Zeitalter von endlosen Praktika, prekären Assistenzbeschäftigungen und self-employment *ohnehin neu zu beschreiben, erst recht im Kunstfeld. All diese Formen einer im erweiterten Sinne abhängigen Beschäftigung ins Verhältnis zur Wertsteigerung und dem anschwellenden Volumen der bildenden Kunst zu setzen, folgt nicht nur einem Forschungsinteresse, sondern auch einer gewissen Parteilichkeit, also der ethisch-normativen Dimension* […]. *Dass es in der Verteilung der Ergebnisse ungerecht zugeht, kann ich nur feststellen, wenn ich das Erzielen der Ergebnisse ins Verhältnis zu Arbeitsstunden setze.*

(Diedrich Diederichsen, »Überlebensrate 4 %«, in: *Lerchenfeld* Nr. 53, April 2020, S. 7 f.)

3.) *DAS (FAST) WAHRE LEBEN UND DER WINZIGE UNTERSCHIED*. ARBEIT AN DEN WIDERSPRÜCHEN

Zum geschärften Klassenbewusstsein gehört für die Masse der Kulturarbeiterinnen und Kulturarbeiter die konstitutive Spaltung der Identität: *Zugleich Proletariat* zu sein, als Mitglied der Lohnarbeiterschaft, also des relativ beherrschten Teils im Kulturbereich, der Waren oder *Tauschwerte* für den Kulturbetrieb produziert (mit tendenziell abnehmendem Wert) – *und kleine Bourgeoisie*, also Mitglied einer kulturellen Boheme, die *Gebrauchswerte* für eine noch unklare Verwendung produziert (deren Wert zunehmen könnte). Hier liegt die konkrete Utopie von Kulturarbeit.

Um die konkrete Utopie kultureller und intellektueller Arbeit zu entfalten, brauchen wir sowohl mehr Klassenbewusstsein, mehr politische Aufklärung, Interessenvertretung und Aktion – als auch mehr Romantik, mehr Mythologie des Künstlers und der Intellektuellen als Prototyp eines befreiten Menschen. Der lernt, mehr im eigenen Namen zu sprechen und zu wünschen, als wie bisher vor allem im Namen seiner Profession und seiner (aktuellen wie angestrebten) Position im professionellen Feld.

Es geht um eine Revision der Erwartungen und Hoffnungen, die wir mit dem Leben als Künstlerinnen, Schriftsteller, Theoretikerinnen, Journalisten, Schauspielerinnen und Musiker verbinden. Nicht im Sinne einer Unterwerfung unter das Realitätsprinzip und seinen gegen anders lautende Erfahrungen blinden »grausamen Optimismus«, der einen Dinge *in der Zukunft* anstreben und begehren lässt, von denen man doch eigentlich weiß, dass sie nur für eine kleine Minderheit erreichbar sind und die Mehrheit am Ende eher in die Irre führen und enttäuschen.[5] Sondern im Namen einer progressiven Desillusionierung, die das konstitutiv Unmögliche dieser Form des Arbeitens und Lebens als *in der Gegenwart* Mögliches lebbar werden lässt.

Viele gehen bereits einen zum Teil schmerzhaften, zum Teil befreienden Weg, der zugleich einer der Aufklärung und der Verklärung ist – wenn auch noch lange nicht die meisten. Viele Illusionen müssen dabei fallengelassen und über viele schambehaftete, gerne verschwiegene Dinge gesprochen werden. Am Ende winkt vielleicht eine neue Heiterkeit, ein neues Selbstbewusstsein der intellektuellen und künstlerischen Lebensweise – vielleicht das, was der französische Philosoph François Jullien in seinem Buch *Ein zweites Leben* als »Luzidität« bezeichnet: eine illusionslose Klarheit, die das Leben in seiner Vergangenheit wie seiner Gegenwart und Zukunft neu aufleuchten lässt.[6] Eine Klarheit, die einen sowohl dasjenige sehen lässt, was schon da ist an Elementen eines wahren Lebens – als auch das-

5) Vgl. Lauren Berlant, *Cruel Optimism*, Durham 2011

6) Vgl. François Jullien, *Ein zweites Leben*, Wien 2020

jenige, was noch fehlt. Und dasjenige, wovon es vielleicht längst schon viel zu viel gibt.

Anstatt also angesichts der Rezession in absonderliche Rechtfertigungen zu verfallen, welche vergeblich die ökonomische und politische Nützlichkeit der Kulturarbeit zu demonstrieren versuchen – ginge es genau umgekehrt darum, durch die Angst vor der Überflüssigkeit der eigenen Arbeit und des eigenen Lebens hindurchzugehen. Ist eine Befreiung von falschen Erwartungen und Bewertungsmaßstäben für die jeweiligen individuellen Biografien des Lebens und Arbeitens möglich; eine Befreiung von den kruden Mythen und Phantasmen von Aufstieg, Erfolg und Karriere? Können wir das so aufklären, dass die positiven, konkreten Utopien endlich einmal wirklich entfaltet werden?

Die Arbeits- und Lebensweisen von künstlerisch und intellektuell Tätigen sind im emphatischen Sinne *Modelle* eines fast wahren Lebens – wenn auch noch in verpuppter Form, wegen ungünstiger, falscher Bedingungen. Über dieses *Fast* sollten wir uns klarer werden: also über den Widerspruch zwischen dem Wahren und Schönen an der Existenzform der Künstler und demjenigen, was daran falsch ist, verdreht, verklemmt und entstellt.

Dieser Text plädiert für Diskurse und Praktiken einer radikalen Wahrhaftigkeit, in deren Rahmen sich die Subjekte ungleich mehr mit ihren Wünschen, Bedürfnissen und Ängsten auseinandersetzen. Diese Diskurse und Praktiken sind zugleich *ganz politisch*, indem sie auf neue Vereinbarungen und Verträge über Rechte und Honorare, gegenseitige Erwartungen und Ansprüche abzielen (auf einen Abbau der schlimmsten Winner-takes-all-Märkte überhaupt) – und *ganz romantisch*, indem sie auf eine Läuterung, eine unscheinbare Verwandlung der Subjekte in ihrem Selbstverständnis und ihrer Lebensweise abzielen. Beides stellt einen Angriff auf das falsche Leistungs- und Berufsethos und die angemaßte Repräsentativität der herrschenden Eliten in den kulturellen Professionen dar.

Die praktischen Versuche vieler, nicht nur in ihren Vorstellungen, sondern auch in ihrem Alltag ein gutes Leben zu führen, existieren in den »Rissen der Gegenwart«, wie John Holloway sagt.[7] Sie sind bisher meistens an der Schwelle zur Unmöglichkeit angesiedelt; umstellt von Zwängen zu Selbstverwertung und Mehrarbeit, Zeitnot und sozialer Unsicherheit. Kulturarbeiterinnen und Kulturarbeiter (aber auch alle, die sich familiärer und sozialer Sorgearbeit oder politischer Gemeinwesenarbeit widmen) führen oft ein schon fast richtiges Leben – aber eben längst noch nicht ganz, weil es sich seiner selbst noch nicht genügend bewusst ist. Im praktischen Widerstand gegen den Zwang, sich zu spezialisieren und die eigene Arbeitskraft maximal zu verwerten. Im Leiden an der minoritär erscheinenden Position, in die man sich damit begibt.

7 John Holloway, »Über Poesie und Revolution«, in: *Nicht alles tun / Cannot do everything*, Hg. Jens Kastner und Elisabeth Bettina Spörr, Münster 2008, S. 27

Anstatt das als romantische Ideologie einer abgehobenen bourgeoisen Boheme abzutun, die sowohl ihre eigene relative Privilegierung wie ihre eigene oftmals niederträchtige Prekarität und Proletarisierung sublimiert oder verleugnet, sollten wir diesen Traum vom besseren Leben entfalten und von seinen falschen ideologischen Anteilen befreien. Es geschieht dies sowohl im Namen der Befreiung aller als auch im Namen der eigenen Befreiung.

Wie nah sind wir unwissentlich dran an dem, worum es geht, wie weit noch davon entfernt? Meines Erachtens ist das ein blinder Fleck im Diskurs und im Selbstverständnis der Kulturarbeiterinnen heute: die mangelnde Beschäftigung mit dem *eigenen* Leben und dem *eigenen* Begehren nach dem wahren Leben – und mit der Frage, wie nah man an die Verwirklichung dieses wahren Lebens herankommt.

Es geht immer um die Arbeit an den feinen Unterschieden zwischen dem Wahren und dem Falschen. *Unterscheidenkönnen* ist die wichtigste Kunst. Wie kann diese Epoche zu Ende gehen? Eine Epoche, die glaubte, dem Widerspruch – zwischen der *konkreten Utopie* des richtigen Lebens, dem Streben nach Selbstständigkeit, und der *Dystopie* einer Unterwerfung unter Mehrarbeit, Ausbeutungs- und Herrschaftsverhältnisse, unter eine forcierte Selbstzurichtung der Subjekte, unter die Übermacht der Institutionen und Professionssysteme – nur mit einem banalen, zwischen Ironie und Zynismus schwankenden Diskurs der Paradoxie, der Ambivalenz von Selbstzwängen und Fremdzwängen Ausdruck verleihen zu können.

In Diskursen der Ambivalenz kondensiert sich die ganze intellektuelle Harmlosigkeit dieser Epoche. Sich damit zu begnügen, zu wissen, dass alles irgendwie widersprüchlich ist, und dass daran nicht viel zu ändern ist – das ist die Ideologie dieser Epoche. Eine resignative Ideologie, welche die Ansprüche sowohl an die Gesellschaft als auch an das eigene Leben auf ein Minimum reduziert hat. Es hängt von uns ab, ob das so bleibt – oder wir in eine produktivere Arbeit an den Widersprüchen hineinfinden.

* * *

> *Er [Marx] bezog sich auf die zwei Seiten der Arbeit als ›abstrakte Arbeit‹ auf der einen und der ›konkreten oder nützlichen Arbeit‹ auf der anderen Seite. Abstrakte Arbeit verweist auf die Abstraktion, die der Markt dem Akt des Schaffens auferlegt: Sie ist jeder Konkretion entleert, ihrer besonderen Merkmale beraubt, sodass eine Arbeit der anderen gleicht. Es ist entfremdete Arbeit, von den Menschen, die sie leisten, entfremdete oder abstrahierte oder abgespaltene Arbeit. (Das Konzept der abstrakten Arbeit hat nichts mit dem materiellen oder immateriellen Charakter der Arbeit zu tun.) Konkrete oder nützliche Arbeit geht auf die kreative Aktivität zurück, die in jeder Gesellschaft existiert und die potentiell nichtentfremdet, frei von Fremdbestimmung ist.* […]

Wo ist diese Welt? Die orthodoxe marxistische Theorie sagt uns, dass sie in der Zukunft existiert, nach der Revolution, aber das ist nicht wahr. Sie existiert hier und jetzt, aber sie existiert in den Rissen, in den Schatten, immer auf der Schwelle zur Unmöglichkeit. Ihr Kern ist das nützlich-kreative Tun, das Drängen in Richtung Selbstbestimmung, das in der, gegen die und jenseits der abstrakten Arbeit existiert. Sie existiert innerhalb der abstrakten Arbeit in der alltäglichen Aktivität von uns allen, die wir unsere Arbeitskraft verkaufen, um zu überleben; sie existiert gegen die abstrakte Arbeit in der andauernden Revolte gegen diese selbst, sowohl von innerhalb der Beschäftigungsverhältnisse als auch in der Verweigerung, in sie einzutreten; und sie existiert jenseits der abstrakten Arbeit in den Versuchen von Millionen von Menschen überall auf der Welt, ihr Leben – individuell oder kollektiv – dem zu widmen, was sie für notwendig oder wünschenswert halten.

(John Holloway, »Über Poesie und Revolution«,
in: *Nicht alles tun / Cannot do everything*,
Hg. Jens Kastner, Elisabeth Bettina Spörr,
Münster 2008, S. 27)

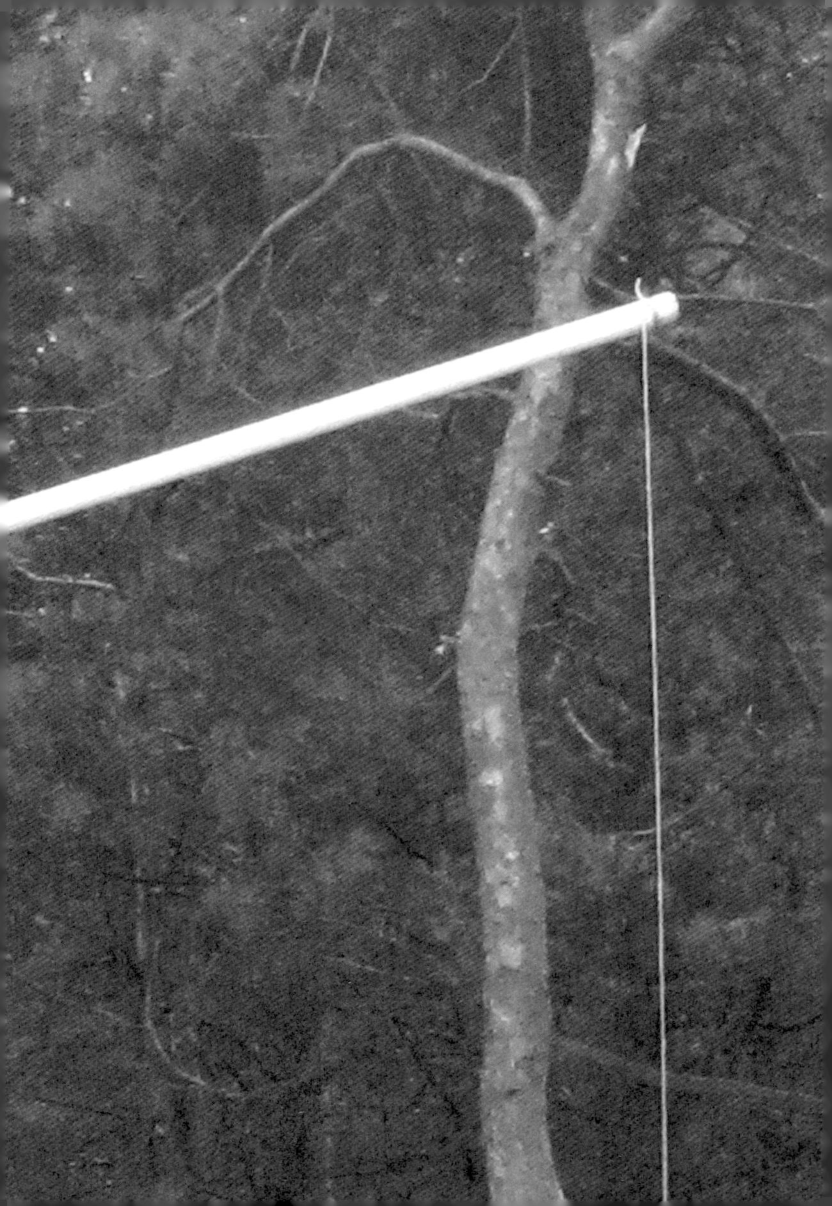

4.) *GELD UND LEBEN I.* BEFREIUNG VON DER SCHAM. SPRECHEN WIR ÜBER GELD!

Ohne falsche Scham über Geld sprechen können nur Wenige. Es trauen sich zu wenige, wenn, dann nur hinter vorgehaltener Hand. Es wird viel zu wenig geübt. Die Frage:

> Wie machst Du es? Wovon lebst Du? Wie schaffst Du es eigentlich, zu überleben, Dein Leben, Deinen Alltag und Deine Zeit zu organisieren, Dich abzusichern in der Gegenwart und für die Zukunft? Von wem oder was bist Du dabei abhängig?

Diese Frage wird meist schamhaft unterdrückt, obwohl sie doch die wichtigste Dimension des Lebens betrifft. Sie ist das *schmutzige kleine Geheimnis* des Kulturlebens. Die Offenherzigkeit, mit der inzwischen Fragen nach sexuellen Vorlieben und Identitäten verhandelt werden, steht in einem auffälligen Kontrast zur Verklemmtheit im Verhältnis zur materiellen Organisation des Alltags. Sie wird fast so verschämt behandelt wie früher der Sex.

So kommt es, dass die doch für die meisten existenziell wichtige Frage, wie man an seine Wohnung oder sein Atelier gekommen ist, wie an das Projekt, wie an die Arbeitsstelle oder das Stipendium, wie man sich kranken-, renten- und sozialversichert, unterdrückt wird. Und so das Wissen kaum geteilt wird.

Doch das sind die entscheidenden Fragen – weil sie darüber entscheiden, ob eine oder einer *weitermachen* kann. Weitermachen mit der Kunst, der Schriftstellerei und Essayistik, der Wissenschaft, der Publizistik, dem Journalismus, der Musik oder dem Theater. Oder eben aufgibt, weil er oder sie zermürbt ist; finanziell wie moralisch zermürbt von der prekären Situation im materiellen Bereich der Reproduktion ebenso wie im symbolischen Bereich der Anerkennung und Wertschätzung. Die richtige Einsicht, dass wir es mit Tätigkeiten zu tun haben, die letztlich immer *auch* um ihrer selbst willen verrichtet werden, ist real ja immer mehr vereinnahmt worden für weitere Stufen von Prekarisierung, Ungleichheit und (Selbst-)Ausbeutung im Kulturbereich. Für einen unsolidarischen Kampf aller gegen alle. Demgegenüber ginge es darum, die »hohe« Frage, wie wir eigentlich *leben* wollen, mit all ihren idealistischen und romantischen Überschüssen, präzise mit der »profanen« Frage zu verbinden, wie wir angemessen *überleben* können. Diese Nahtstelle ist das Konkrete – eine Verbindung aus Selbstbestimmung und materiellen Abhängigkeiten.

Eine Ausnahme von der üblichen Verschwiegenheit in Gelddingen bildet zum Beispiel der Künstler Jens Risch. In einem Interview der *Süddeutschen Zeitung* für die Serie »Reden wir über Geld«, gab er bereitwillig Auskunft über seine Arbeit und seine materielle Situation, und über die Spannung zwischen beiden. Risch widmet sich einer sehr konzentrierten, meditativen Kunstart: Er macht täglich stundenlang Knoten in einen seidenen Faden.

Als Künstler machen Sie jeden Tag stundenlang Knoten in einen Tausend Meter langen Seidenzwirn, nach Jahren wird daraus eine faszinierende korallenartige Struktur.

Ja, das Knoten ist in den letzten 20 Jahren zum Zentrum meines Lebens geworden. Ich knote vier Stunden am Tag, samstags und sonntags jeweils zwei. Das Knoten bringt mir Klarheit und Einfachheit. Ich sitze bei natürlichem Licht. Es ist still, ich denke an nichts. Wenn ich aus dem Fenster sehe, sehe ich einen riesigen Kastanienbaum. Ich bin ein zufriedener Mensch.

Glückwunsch, aber lässt sich damit auch Geld verdienen?

Ja, nur nicht genug. Obwohl ich sehr bescheiden lebe, reicht es nicht. Früher habe ich Nebenjobs gemacht, Kellner, Nachtwächter, Landschaftsgärtner, aber irgendwann habe ich gemerkt, dass ich mich voll auf meine Arbeit konzentrieren muss, dass ökonomische Bedenken mich nicht davon abhalten dürfen, meine künstlerische Vision umzusetzen. Zu Beginn des Jahrtausends habe ich zwei Jahre lang von Hartz IV gelebt, um meine Kno-

ten machen zu können. Damals gab es Phasen, in denen 20 Mark für eine Woche ausreichen mussten, trotzdem war ich nie verzweifelt, weil meine Situation das Resultat einer souveränen Entscheidung war. Irgendwann habe ich angefangen, meine Arbeitszeiten zu notieren, als Teil des Konzepts, aber auch als Arbeitsnachweis, um zu zeigen: Ich habe zwar nichts verdient, aber ich habe gearbeitet.

Haben Sie sich geschämt, als Sie den Antrag ausgefüllt haben?

Nein. Ich habe in mich hineingehört und bin zu dem Entschluss gekommen, dass es in Ordnung ist, diese Leistung in Anspruch zu nehmen. Es gibt sie schließlich, und ich war in einer Situation, in der sie mir helfen konnte, meine Arbeit zu machen, ohne vor die Hunde zu gehen, es fühlte sich an wie ein Stipendium.
[…]

Es ist ja nicht so, dass Sie überhaupt kein Geld verdienen.

Stimmt, ich habe immer wieder gute Ausstellungen. Mein erstes Seidenstück steht im Museum für Moderne Kunst in Frankfurt. Damals habe ich 24 000 Euro bekommen. Ein anderes wurde in die Schweiz verkauft, für 50 000 Euro. Außerdem habe ich mehrere geknotete Seile und Seiden-

schnüre an Privatsammlungen in London und Stuttgart verkauft, für 3000 beziehungsweise 6000 Euro. Von den 20 Jahren, die ich Knoten mache, konnte ich mich sechs Jahre lang selbst finanzieren.[8]

Die Offenherzigkeit, mit der Jens Risch über seine Lage Auskunft gibt, bildet eine Ausnahme von der vorherrschenden Verklemmtheit. Angenehm ist die Klarheit, mit der er auf seine Arbeit und seine Lebensweise blickt. Obwohl er darauf insistiert, dass das, was er tut, »Arbeit« ist (eine Einsicht, zu der ihn bemerkenswerter Weise die Sozialbürokratie genötigt hat!), scheint er nicht verbittert darüber, dass diese Arbeit kein verlässlicher Broterwerb ist. Die Leser erfahren in dem Artikel auch noch, dass der Stundenlohn für die Seidenstücke am Ende 20 Euro beträgt – eine leichte Koketterie mit der Arbeitswertlehre der Lohnarbeit. Es wird der Lebensentwurf als solcher deutlich: Sich dauerhaft einer Tätigkeit zu widmen, ohne davon dauerhaft den Lebensunterhalt bestreiten zu können. Wie aber geht das?

Das gemeinsame soziale Interesse der meisten besteht darin, eine materiell gesicherte Existenz zu haben und in möglichst kurzer Zeit unter möglichst würdevollen Bedingungen den Lebensunterhalt zu verdienen (mit Kulturarbeit oder auch anderen Tätigkeiten). Um sich dann in der übrigen Zeit

8) *Süddeutsche Zeitung* Nr. 227, 1. 10. 2020, S. 17

den Dingen zu widmen, die man für wirklich wichtig hält, und mit denen man in der Regel kein oder kaum Geld verdienen kann (politisch, im sozialen Gemein- und Vereinswesen, bei Freizeitbeschäftigungen und Hobbys, künstlerisch, schriftstellerisch, publizistisch, wissenschaftlich, performativ, oder in der Sorgearbeit im Rahmen von Familien- und Freundschaftsverbänden tätig sein).

Die Fälle, dass man mit der Tätigkeit oder den Aspekten des eigenen Berufs, die man liebt, ausreichend und dauerhaft Geld verdient, kommen zwar vor. Sie stellen aber ein Minderheitenphänomen dar. Genauer gesagt, sie sind nicht repräsentativ, gelten aber dennoch als Norm. Die überwältigende Mehrheit der produktiven kulturellen Arbeit wird, wie die politische, soziale und Care-Arbeit, unbezahlt oder stark unterbezahlt verrichtet. Sie wird durch eigene oder fremde Brotberufe, Transferzahlungen oder Erbschaften querfinanziert.

Deswegen ist es von großer Bedeutung, *beide Bereiche* (den querfinanzierenden Part wie den, zu dem man sich berufen fühlt) zugleich neu zu organisieren und umzugestalten, gerade in Zeiten von Krise und Pandemie, wo viele existenziell bedroht sind. Denn die meisten sind in beiden Bereichen zugleich tätig. Es geht also um

– einen breiten und möglichst gleichen Zugang zu kultureller Arbeit, die Beteiligung an den verschiedenen Arbeitsmärkten und Feldern der Kultur, mit transparenten Mindestlöhnen und Mindeststandards für Gagen und Honorare, neuen Tarifordnungen für verkürzte Arbeitszeiten und Job-Sharing – den Zugang und die faire Beteiligung an subsistenzsichernden übrigen Lohnarbeiten und den Leistungen des Sozialstaats.

Hier sind die Interessen der Kultur-, Gemeinwesen- und Hausarbeiterinnen identisch mit denen aller anderen Lohnarbeiterinnen und Lohnarbeiter: eine materiell gesicherte Existenz und möglichst kurze Arbeitszeiten unter möglichst würdigen Bedingungen bei möglichst existenzsichernden Löhnen.

Die Verwilderung der Arbeitsverhältnisse betrifft die kulturellen Arbeitsmärkte von Wissenschaft, Publizistik und Künsten ebenso wie die anderen Arbeitsmärkte. Die Rezession infolge der Pandemie verstärkt den Terror der sozialen Unsicherheit: Jetzt brechen die karg dotierten Aufträge im Kulturbetrieb ebenso weg wie die Nebenjobs in Gastronomie, Catering, Veranstaltungs- und Messewesen. Es geht also um den Ausbau sozialstaatlicher Sicherungen und um neue tarifliche Arbeitszeitregelungen:

> *Weniger arbeiten, damit alle arbeiten, und besser leben.*[9]

9) André Gorz, *Auswege aus dem Kapitalismus. Beiträge zur politischen Ökologie*, Zürich 2009, S. 104

Das erfordert eine Politik *radikaler Arbeitszeitverkürzung* mit vollem Lohn- und Personalausgleich für alle und Elemente eines *bedingungslosen Grundeinkommens.* Die Bürgerinnen eines demokratischen Gemeinwesens brauchen beides zugleich: eine zu mehr Selbstständigkeit ermächtigende arbeitsplatzunabhängige Einkommensgarantie (um die einseitige Abhängigkeit von Jobs und Arbeit- oder Auftraggebern zu brechen) und möglichst breiten Zugang zu existenzsichernden Arbeitsplätzen, mit Arbeitszeiten, die zum Leben passen (um soziale Teilhabe für alle möglich zu machen).

Dies gilt für alle Menschen. Besonders aber für alle Prekären, und für alle, die ihr Leben nicht auf Lohnarbeit spezialisieren, das heißt die Masse an Care-, Gemeinwesen- und Kulturarbeiterinnen. Für all diejenigen also, die den Schwerpunkt ihres Lebens und ihrer Identität nicht in der Lohnarbeit haben (wollen). Dieses Leben gelingt desto besser, je mehr es durch den Zugang sowohl zu Sozialleistungen als auch zu verschiedenen Arbeitsplätzen ihre mehrdimensionale Existenz absichert. Die Gegenwart krankt daran, dass dies nur in Ausnahmefällen, nur für wenige einigermaßen gelingt, vor allem aber nicht dauerhaft. Mit der Folge einer immer weiteren Steigerung von Ungleichheit, Prekarität, Konkurrenz, Lohndumping, Mehrarbeit und (Selbst-)Ausbeutung. Also wachsender Zeitnot und Verschlechterung der Qualität von Arbeit und Leben gleichermaßen.

Um dies zu ändern, müssen wir durch die Scham hindurchgehen. Wir müssen lernen, auf die Frage »Wie machst Du es eigentlich?« endlich ehrlich zuzugeben: Wir schaffen es eigentlich kaum. Es geht eigentlich nicht!

Es hat auch schon früher, vor Pandemie, Rezession und Kulturkahlschlag, nicht funktioniert. Aber es wird so getan, als ob es auf Dauer ginge – der Anschein wird aufrechterhalten und damit ein repressives System falscher Erwartungen. Es ist an der Zeit, das starke, professionelle Selbstbild von Künstlerinnen und Intellektuellen abzurüsten – ein Selbstbild, das suggeriert, es sei eigentlich alles in Ordnung. Oder als würde es demnächst in Ordnung kommen, wenn man vielleicht doch noch eine feste Stelle, einen Preis, eine Erbschaft oder einen neuen Auftrag oder Vertrag erhält.

Progressive Desillusionierung hieße, endlich einzugestehen: Für die allermeisten wird dieser Moment der Erlösung nicht kommen. Dieses Eingeständnis steht den meisten noch bevor. Zu sehr ist der Traum der selbstständigen Tätigkeit als Autorin oder Künstler mit einer kruden Mythologie von Erfolg und Erlösung verwoben. So sagt der Comiczeichner Felix (»Flix«) Görmann in derselben Reihe »Reden wir über Geld« in der *Süddeutschen Zeitung*: »Der ganz große Beststeller kann auch mit 85 noch kommen. Das ist für mich eine riesige Motivation weiterzumachen.«[10]

10) *Süddeutsche Zeitung* Nr. 239, 16. 10. 2020, S. 16

Die Hoffnung auf Erlösung unterwirft uns einer fatalen Erwartung, die eine soziale Norm von beruflichen Laufbahnen als Aufstiegsbewegungen errichtet. Die Künstlermythologie suggeriert: Das Genie, »der Auftrag«, trägt die existenzielle Wahl der Künstlerinnen- oder Dichterexistenz. In Wirklichkeit ist es die konkrete soziale Unterstützung (von Staat, Künstlersozialkasse, Familie oder sozialer Umgebung), die dieser Existenz auf Dauer Konsistenz gibt.

Die entscheidende Frage lautet: Kommt die Enttäuschung falscher Erwartungen nur individuell als persönliche Enttäuschung mit der Gefahr von Verbitterung und Ressentiment – oder führt die Enttäuschung zu einer im Kollektiv gemachten Reformulierung unserer Erwartungsstruktur an individuelle Lebenswege und Lebensweisen. Wir sollten nicht damit warten, bis irgendwann bei vorrückendem Alter die illusionären Erwartungen an die Bedeutung unseres Lebens und die Belohnung unserer Werke unhaltbar werden.

Progressive Desillusionierung erfordert sowohl *soziale Umverteilungen* als auch *kulturelle Umdeutungen*: Zugleich die Anteile und Rechte verändern, auf den kulturellen wie anderen Arbeitsmärkten und in den Modalitäten des Sozialstaats – und die symbolischen Erwartungen neu formulieren, um andere Geschichten vom eigenen Leben und seinem Wert zu erzählen. Eine Geschichte, die es eher entfaltet und beflügelt als überwältigt und erstickt.

* * *

Auch muss man bedenken, dass die Künstler heute eine Vielzahl von Dingen tun. Sie sind nicht einfach Künstler, die eine mehr oder weniger glückliche Beziehung zum Markt unterhalten, sondern sie arbeiten mit einer ganzen Reihe unterschiedlicher Institutionen zusammen. Viele Künstler unterrichten auch, und zu unterrichten bedeutet, dass man in all die Systeme der Bildungsreform eingebunden ist, etwa den Bologna-Prozess. Die Künstler und die künstlerischen Praktiken sind in ganz andere Prozesse integriert als in die traditionellen und auf den Verkauf von Kunst beschränkten. Die Zugehörigkeit der Künstler zu einer Art Prekariat ist nicht mehr dasselbe wie die Boheme des neunzehnten Jahrhunderts. Es ist etwas vollkommen anderes, insofern die Künstler auch an gesellschaftlichen Bedingungen arbeiten, und die Träger gesellschaftlicher Kämpfe sind. Sehen wir uns zum Beispiel die Kämpfe der freischaffenden Künstler an, das heißt all jener, die unter der Bedingung sozialversichert sind, dass sie einige Stunden etwa als Schauspieler, aber auch als Beschäftigte an Kunsthochschulen, als Tanzlehrer, als Orchestermusiker arbeiten. Es gibt also alle möglichen gesellschaftliche Beschäftigungen und Subjektivierungsformen, die im Begriff des Künstlers zusammengefasst werden. Viele Musiker großer Orchester sind auch freischaffende Künstler, genau wie viele Leute, die beim Fernsehen arbei-

ten. Es gibt da eine ganze Kategorie von Leuten, die nicht nur am Kunstmarkt beteiligt sind, sondern sich auch in normalen Angestelltenverhältnissen und prekären Arbeitsbedingungen, Teilzeitarbeit und so weiter, befinden. Viele Künstler sind in dieser Situation, wie übrigens auch der Universitätsdozent ohne Anstellung oder mit einer Teilzeitstelle. Auf der einen Seite gibt es also die Integration einer großen Menge von Künstlern in das, was man die Bedingungen dieses neuen Prekariats nennen könnte, und auf der anderen Seite gibt es die Transformation der künstlerischen Praktiken selbst.

(Jacques Rancière, *Politik und Ästhetik. Gespräch mit Peter Engelmann*, Wien 2016, S. 96–98)

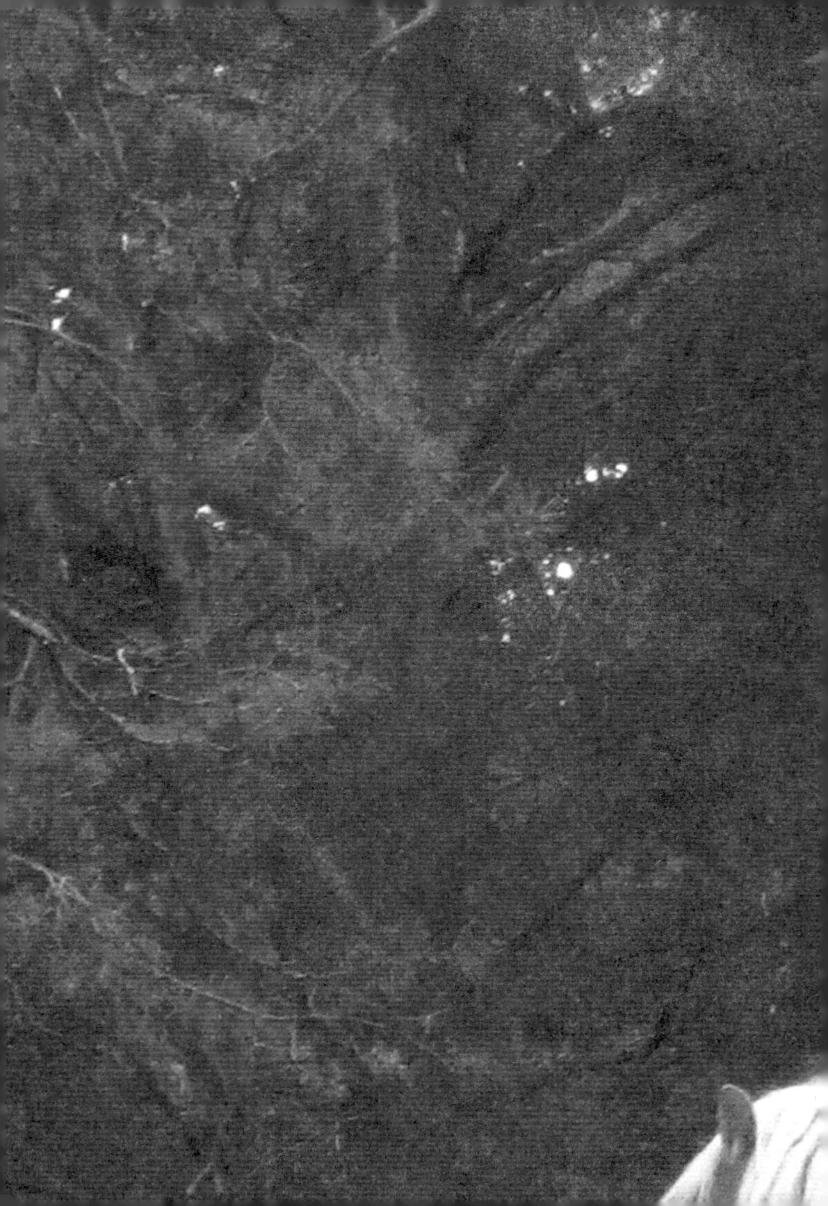

5.) *GELD UND LEBEN II* – DIE ANDERE SCHAM. ÜBER DIE ABHÄNGIGKEIT VON ANDEREN. HEIRATEN, FAMILIE, GESCHLECHTERVERHÄLTNISSE UND HAUSARBEIT

Über Geld sprechen zu lernen, beinhaltet auch das Sprechen über Abhängigkeiten von Familienangehörigen, Lebenspartnerinnen und Lebenspartnern. Man kennt die schamhaften Gesten des Umschiffens und Beschweigens dieses Themas aus unzähligen Begegnungen bei Ausstellungseröffnungen oder Partys. Sofern die Künstlerinnen, Autoren oder Wissenschaftlerinnen keine Singles sind, sondern in Paar- oder Familienkonstellationen leben, stellt sich immer die Frage nach dem ökonomischen Arrangement, nach der Arbeitsteilung und nach dem Familien- oder Haushaltseinkommen insgesamt. Also danach, wer es jeweils in welchem Ausmaß sichert. Wenn es für viele schon sehr schwer ist, offen über ihre eigenen Einkünfte als Soloselbstständige zu sprechen, dann ist es meist noch schwerer, über die Einkünfte derer, von denen sie finanziell abhängig sind, zu sprechen. Abhängigkeit gilt als uncool.

Auch hier stellt der Künstler Jens Risch eine Ausnahme dar. In dem Gespräch »Reden wir über Geld« fragt der Interviewer, nachdem Risch erzählt, er habe sich von 20 Jahren des Kunstmachens nur sechs Jahre selbst mit dieser Arbeit finanzieren können:

Wer übernimmt den Rest?

Meine Partnerin, die als Redakteurin arbeitet und familiäre Rücklagen hat. [...]

Sie arbeitet fünf Tage die Woche von morgens bis abends, Sie machen Tausende Knoten in einen Faden – führt das nicht zu Spannungen?

Unser Modell hat sich so entwickelt und basiert auf gegenseitigem Respekt. Sie akzeptiert mich als Künstler und unterstützt mich in meiner Arbeit, im Grunde ist sie eine Mäzenin. Als unser Sohn vor dreizehn Jahren zur Welt kam, rührten sich schon Existenzängste, auch fragten ihre Eltern kritisch nach, wie ich mit meiner Arbeit eine Familie ernähren wolle, aber irgendwann haben sie unser Modell akzeptiert. Dass ausgerechnet in dieser Zeit ein Seidenstück für 24 000 Euro verkauft wurde, hat natürlich geholfen. [...]

Haben Sie Ihrer Partnerin gegenüber manchmal ein schlechtes Gewissen?

Hier spricht aus der Frage des Journalisten das typische gesellschaftliche Vorurteil: Man (vor allem: Mann) hat sich schuldig zu fühlen, wenn man materiell von anderen abhängig ist.

Nicht mehr. Auch ich hatte das Modell verinnerlicht, dass man als Erwachsener, erst recht als

Mann, in die Arbeit geht, Geld verdient und damit eine Familie finanzieren kann. Unsere Gesellschaft funktioniert so. Wir leben in dieser Gesellschaft, aber haben uns für einen anderen Weg entschieden. Wir verstehen uns, wir sind sparsam, ich übernehme viele Tätigkeiten im Haushalt, es funktioniert. […]

Fühlen Sie sich in Ihrer Bescheidenheit einer Gesellschaft, die nach Geld und Macht strebt, überlegen?

Hier kommt das dritte Vorurteil neben den Geschlechterstereotypen und dem geheimen Sozialneid ins Spiel: Eine selbst gewählte asketische Lebensweise wird als dünkelhafte Pose verstanden.

Überhaupt nicht. Inzwischen fühle ich mich nicht mehr unterlegen. Ganz klar: Ich würde mir mehr Verkäufe meiner Arbeit wünschen, nicht, weil ich das Geld zum Überleben brauche, sondern weil es eine Differenz zwischen Geld und selbst verdientem Geld gibt. Ich habe genug Geld, aber zu wenig selbst verdientes Geld, um gesellschaftliche Anerkennung zu bekommen.[11]

Risch gibt einen präzisen Einblick in das konkrete materielle Alltagsarrangement seines Lebens: eine gemischte Konstellation aus unbeirrbar dauernder

11) *Süddeutsche Zeitung* Nr. 227, 1. 10. 2020, S. 17

künstlerischer Arbeit, sporadisch daraus erzielten Einkünften, Haus- und Familienarbeit und finanzieller Abhängigkeit von der Lebenspartnerin und ihren Eltern. Damit ist der Künstler prototypisch für die massenhafte Lebensrealität einer bestimmten kulturellen Mittelschicht. Avantgardistisch im feministischen Sinne ist nicht so sehr seine faktische Abhängigkeit von weiblicher Lohnarbeit und seine Übernahme von Haus- und Erziehungsarbeit, avantgardistisch ist die Offenheit, mit der er diese bekennt. Und die Klarheit, mit der er die Problematik dieser Lebensform und dieser existenziellen Wahl erkennt und benennt: dass man dafür, insbesondere als Mann, gesellschaftlich nicht anerkannt wird. »Ich habe genug Geld, aber zu wenig selbst verdientes Geld, um gesellschaftliche Anerkennung zu bekommen.« Hier, bei der Benennung der Funktion des Geldes nicht als Zahlungsmittel, sondern als Wertschätzungssymbol zeigt sich die Ambivalenz von wahrem und falschem Leben: Eigentlich hat Risch das Problem gelöst und lebt in einer anderen symbolischen Ordnung als der herrschenden – gleichzeitig aber steckt er tief in der herrschenden symbolischen Ordnung drin und leidet an mangelnder sozialer Anerkennung.

Weil dies so ist, weil dieses Leiden am besseren, aber gering anerkannten Leben offenbar von den meisten als schlimmer bewertet wird als das Leiden derer, die hinter unrealistischen Hoffnungen auf Anerkennung herlaufen – bleiben Figuren wie Risch bisher eher die Ausnahme. Ausgesetzt dem Stigma mangelnder Wertschätzung einer trotz aller Gelungenheit als defekt erscheinenden Berufsbiografie – auch in den Augen vieler Kolleginnen und Kollegen. Als gelebte Alltagsrealität existieren solche Biografien massenhaft, aber anscheinend noch nicht als attraktives Bild und Image eines guten Lebens. Zum Selbstbild einer Mehrheit freischaffender Künstler oder Kulturarbeiterinnen gehört immer noch eine Art Aura des »Ich komme schon alleine klar«. Dieser Mythos einer a priori Selbstständigkeit zerfällt bei näherem Hinsehen. Wenn man Künstler oder Kulturarbeiterinnen näher kennt, erfährt man etwas über die profane materielle Basis der scheinbar autonomen Existenzen. Bei unzähligen Künstlerinnen, Gelehrten, Schriftstellerinnen und Publizisten ist es neben eigenen Brotjobs immer der Job ihrer Lebenspartner und Ehefrauen als Lehrerin, Pfleger oder Ärztin, der die stabile Grundlage der materiellen Existenz bildet. Alternativ gibt es eigene kleine oder mittlere Erbschaften – die aber noch schamhafter beschwiegen werden als die Abhängigkeit von der Lohnarbeit von Lebenspartnern und Ehefrauen oder von deren Erbschaften. Die Schamhaftigkeit rührt daher, dass insbesondere viele Männer nicht zugeben wollen, dass es immer schon so war, dass materielles Auskommen und eine ökonomisch stabile Existenz genauso wie durch individuelle berufliche Leistungen auch durch Heiraten und Erben gesichert werden können. In dieser Hinsicht war die

Mehrheit der Intellektuellen und Künstlerinnen immer schon in derselben Position wie die Mehrheit der Frauen: abhängig von der ökonomischen Potenz anderer.

Auch die Übernahme von Haushalts- und Erziehungsaufgaben scheint der Aura und dem Image des schöpferisch tätigen Menschen nicht zuträglich zu sein. Das ist der große Kummer aller avancierten feministischen Männer, und lässt sie teilhaben am Massenschicksal der meisten Frauen, die immer schon durch die dauerhafte Zuständigkeit für Haushalts- und Erziehungsaufgaben in defekte und gesellschaftlich wenig sichtbare, wenig anerkannte Biografien gedrängt werden. Die existenzielle Wahl eines eigentlich richtigen Lebens, einer aus Sorge-, Haus- und Kulturarbeit gemischten Existenz, wird nicht genügend gewertschätzt. Willkommen im Klub, denken die Frauen.

Auch dieser Bereich des Alltags liegt wie das Geld bei vielen in einem Nebel der Unklarheit. Es ist ohnehin so, dass bisher die meisten gerne eine klare Antwort auf die Frage vermeiden, was sie eigentlich den ganzen Tag lang so machen: wie viele Stunden künstlerische und intellektuelle Arbeit; wie viele Stunden Haus-, Familien- und Sorgearbeit; wie viele Stunden Brotberuf; wie viele Stunden Spazieren, Kaffeehausbesuch, Freundschaften und Geselligkeit; wie viele Stunden Kochen und Essen; wie viele Stunden ehrenamtliches Engagement, Lektüre, Kinofilm oder Freizeit. Immerhin erscheinen mittlerweile aber aufklärerische Publikationen wie das schöne Buch *What we really do all day. Insights from the Centre of Time Use Research.*[12]

Bisher scheint es immer noch so zu sein, dass im Rahmen der bekannten gültigen Rollenverteilung es nur bei Frauen so ist, dass profane Alltagsdinge wie einkaufen, kochen, Kinder hüten, staubsaugen, zum Arzt gehen, Freunde und Verwandte besuchen als legitime Teile des Alltags gelten. Bei Männern scheint es immer noch so, dass an einem normalen Wochentag die Tage immer schon als Tage »im Atelier«, »im Studio« oder »am Schreibtisch« gedacht werden. Tagsüber keine Zeit zu haben, sich rar zu machen, scheint für viele ein essenzieller Teil ihres Images als seriöse Künstler und Intellektuelle. Da gibt es keine profanen Alltagsdinge, kaum Ablenkungen. Das Profane wird gerne verleugnet, das Sakrale, der Schreibtisch oder das Atelier müssen bebrütet werden, auch wenn es gerade nichts Wichtiges zu tun gibt. Was bei Frauen oftmals und immer noch als »Natur« verstanden wird – die dauerhafte Übernahme sozialer Reproduktionsarbeit –, zeigt sich bei Männern deutlicher als die existenzielle Wahl einer Lebensform: als Verletzung der herrschenden Norm lebenslanger Vollzeitlohnarbeit. Darum wird sie immer noch vom gesellschaftlichen Mainstream als Provokation angesehen – und von den »Peers«, den Kollegen und Kolleginnen, als unprofessionell.

12) Jonathan Gershuny, Oriel Sullivan et. al., *What we really do all day. Insights from the Centre of Time Use Research*, London 2019

Das befördert die Schamhaftigkeit in der Behandlung der materiellen Alltagsorganisation. So ist in jüngerer Zeit eine ganze Lebensform der Simulation von Zeichen der Arbeit und der eigenen Bedeutung entstanden. Zeitmangel und Zeitarmut sind nicht nur eine Folge *objektiver Zwänge* wie insgesamt prekärer Arbeitsverhältnisse und fallender Löhne wie Honorare. Sie sind nicht nur das materielle Grab, das sich viele durch Mehrarbeit selbst und einander schaufeln. Sie sind auch als *innere Zwänge* zu verstehen – als vermeintlich stark und interessant machende Symbole des eigenen Werts. Lauter überbeschäftigte Arbeitskraftmonaden, ängstlich in einen überhitzten gegenseitigen Überbietungswettbewerb, in ihr eigenes Werk, ihr eigenes Projekt verbissen. Damit wird die konkrete Utopie eines anderen Lebens verschenkt.

Das schamhafte Beschweigen des eigenen Alltagslebens und seiner ökonomischen Dimensionen scheint das Komplement einer ungesunden Überschätzung von allerlei Zeichen des Fleißes und der Entsagung zu sein. Die negativen Affekte, die kaum verhohlene Aggression, die eine Lebens- und Arbeitsweise wie die von Jens Risch bei den vielbeschäftigten Hauptberuflichen auslöst, ist letztlich der Affekt dagegen, dass ein anderes Leben möglich ist und vielleicht viel schöner. Hinter diesem Affekt steckt bei vielen vielleicht das Gefühl: »Nein, mein Leben ist eigentlich gar kein so gutes Leben. Und irgendwie lohnt es sich auch nicht so richtig.« – Nicht für die meisten, nicht auf Dauer. Man kommt im gelungenen Fall gerade mal so durch. Aber es wirkt eben irgendwie professionell und vielbeschäftigt. Und darauf scheint es vor allem erst einmal anzukommen. Der Vordergrund wird weiterhin von Überbeschäftigten dominiert, auch wenn man weiß, dass im Hintergrund eine riesige Zahl von Menschen längst anders lebt. Hier tobt ein *Kulturkampf um die richtige Lebensweise*, dessen Ausgang offen ist. Die (noch!) dominierende Ideologie macht Figuren wie Risch zu einem mal heroisch, mal melancholisch angehauchten Außenseiter. Die fortschrittliche Seite hingegen sieht sie als Avantgarde einer neuen Regel.

* * *

> *An die Stelle der demütigen Sünder, denen Luther, wenn sie in reumütigem Glauben sich Gott anvertrauen, die Gnade verheißt, werden so jene selbstgewissen ›Heiligen‹ gezüchtet, die wir in den stahlharten puritanischen Kaufleuten jenes heroischen Zeitalters des Kapitalismus und in einzelnen Exemplaren bis in die Gegenwart wiederfinden. Und andererseits wurde, um jene Selbstgewißheit zu* erlangen , *als hervorragendstes Mittel rastlose Berufsarbeit eingeschärft [Fussnote: So in zahllosen Stellen des Baxterschen* Christian Directory *und in dessen Schlußpassus. – Diese Empfehlung der Berufsarbeit zur Ablenkung von der Angst vor der eigenen sittlichen Minderwertigkeit erinnert an Pascals psychologische Inter-*

pretation des Geldtriebes und der Berufsaskese als zur Hinwegtäuschung über die eigene sittliche Nichtigkeit erfundener Mittel]. Sie und sie allein verscheuche den religiösen Zweifel und gebe die Sicherheit des Gnadenstandes.

(Max Weber, »Die protestantische Ethik und der Geist des Kapitalismus«, in: *Gesammelte Aufsätze zur Religionssoziologie*, 9. Auflage, Tübingen 1988, S. 105 f.)

6.) *GELD UND LEBEN III.* KULTURELLE ÜBERPRODUKTIONS- UND UNTERKONSUMTIONSKRISE

Es gibt zu wenig wirklichen Konsum. Die Reichtümer und Güter sind nicht nur schlecht verteilt, sie werden auch nicht richtig genutzt, gebraucht, verbraucht, gewürdigt und in Umlauf gehalten. Das gilt für den Bereich der normalen Ökonomie und Warenwirtschaft ebenso wie für die Kultur. Es wird viel mehr produziert, als jemals rezipiert werden kann. Die Mehrzahl aller künstlerischen und intellektuellen Produktionen wird niemals konsumiert, nicht gelesen, betrachtet, gehört, verarbeitet.

Wie viel ist unsere Arbeit wert? Jedes Mal, wenn ich als Autor zu einem Vortrag, einer Diskussion oder einem Publikationsprojekt eingeladen werde, führe ich die gleichen Gespräche. Mit der Zeit habe ich verstanden, dass es sich um ein pädagogisches Langzeitexperiment handelt: Ich versuche, die Auftraggeber mit sanfter Zähigkeit aufzuklären über das strukturelle Problem der Bewertung geistiger Arbeit. Hier gibt es weder einen »Markt« noch irgendwelche Standards oder Üblichkeiten, nach denen man sich richten könnte. Wie viel Arbeit steckt in einem Vortrag? Wie hoch soll der Stundenlohn veranschlagt werden – mit dem Mindestlohn, unter dem Mindestlohn oder mit einer anständigen Dotierung? Besser oder schlechter als »normale« Lohnarbeit? Wie hoch ist die Tages- oder Anfahrtspauschale, gibt es überhaupt eine?

Oft ergeben sich im Rahmen solcher Gespräche oder Mailwechsel erhellende Momente und auch Verbesserungen der Konditionen. Aber nur die aufgeklärteren unter den Auftraggeberinnen können wirklich souverän damit umgehen. Mit unverlangt gegebenen guten Ratschlägen zur Gestaltung kultureller Produktionsbedingungen macht man sich schnell unbeliebt, da wird es ganz schnell lustig oder richtig unangenehm. Viele scheinen es als unprofessionell zu empfinden, wenn Autorinnen oder Künstler über das eigene Privatinteresse an besseren Konditionen hinaus allgemein über die Arbeitsbedingungen sprechen wollen (es sei denn, es geht innerhalb eines Diskursprojekts allgemein um »Klassenverhältnisse« oder »Arbeitsbedingungen im Kulturbetrieb«).

Natürlich versteht man die andere Seite. Man weiß um die knappen Budgets, die schlechten Arbeitsbedingungen in den Kulturbürokratien, Museen und Kunstvereinen, Universitäten und Kulturämtern, Verlagen, Zeitungen, Zeitschriften, Rundfunksendern und Theatern, bei den Kirchen, Parteien und Vereinen. Natürlich gibt es dort auch massenhaft prekäre, ehrenamtliche und Niedriglohnarbeit. Viele Künstlerinnen, Autoren, Wissenschaftlerinnen, Schauspielerinnen oder Musiker arbeiten ja selbst dort, oder ein Großteil der Freunde. Dennoch scheinen sich alle daran gewöhnt zu haben, dass schlechte Bezahlung geistiger Arbeit normal ist. Warum aber konzipiert und plant man überhaupt eine Vortrags- und Diskussionsveranstaltung, wenn gar kein entsprechendes Budget vorhanden ist? Warum wartet man nicht, bis mehr Geld vorhanden ist und man dann das Ganze mit mehr Vorlauf und unter für alle besseren Bedingungen planen kann? Warum nicht das Programm etwas abspecken? Warum so viel machen, wenn das doch ganz offenkundig zu Überproduktion, Mehrarbeit und schlechter Bezahlung führt? Haben die Beteiligten insgeheim Angst, sie würden zu wenig arbeiten – die Öffentlichkeit, die Geldgeber würden sich darüber beschweren, dass zu wenig geschieht? Entspringt diese Form der Berufsaskese und des demonstrativen Fleißes der »Angst vor der eigenen sittlichen Minderwertigkeit«, wie es bei Max Weber heißt?

Warum nicht offen aussprechen, was längst als eigentliche Wahrheit des Kulturbetriebs bekannt ist? Dass viel zu viel geschieht, viel zu viel gemacht, veranstaltet, gesagt, hergestellt, gedruckt und diskutiert wird – und viel zu wenig konsumiert, rezipiert, verarbeitet? – Und dass das größte Problem des Betriebs darin besteht, mit viel und sehr teurem Aufwand genügend Aufmerksamkeit und Publikum, genügend Öffentlichkeit zu generieren oder zu simulieren? Überall zu viel Fleiß, zu viel demonstrative Ableistung von Arbeit. Zu viel abstrakte, tauschwertorientierte und zu wenig konkrete, gebrauchswertorientierte Arbeit.

Es scheint, als ob die Überhitzung und Überbevölkerung des Öffentlichen, mit seinen schlechten Produktions- und Arbeitsbedingungen, korreliert mit einer Unterkühlung und Unterbevölkerung des nicht-öffentlichen oder halböffentlichen, halbprivaten und privaten Bereichs der Auseinandersetzung um die Inhalte und Wahrheiten der Kunst, der Literatur und der Theorie. Der Austausch über die Inhalte wird auf den öffentlichen Teil des Betriebs verlagert – auf die etablierten Formate der Podiumsdiskussion, der Lesung, des Symposiums, wo man entweder selbst spricht oder wo man hingeht. Das bemerkt man spätestens in Zeiten einer Pandemie, wenn der öffentliche Raum des Austauschs geschlossen ist: wenn dann fast nichts mehr übrig bleibt.

Es ist mit der Kultur so, wie Karl Marx es für die kapitalistische Ökonomie insgesamt analysiert hatte: Kapitalismus als Dynamik von gleichzeitiger Überproduktion und Unterkonsumtion. Auch in der Kultur also, nicht nur im Bereich »normaler« Warenproduktion, ein System maßloser Verschwendung von Ressourcen, Lebenszeit und Geld. Auch hier eine strukturelle Dynamik von sozialer Ungleichheit, Herrschaftsverhältnissen, (Selbst-)Ausbeutung und Produktion um der Produktion willen.

Gerade in der Kultur gilt, solange ihre Produktionsverhältnisse nicht fortschrittlich umgestaltet werden: *Immer mehr arbeiten zu immer schlechteren Bedingungen.* Diese Überbeschäftigung der vielen in Wissenschaft, Kunst und Journalismus geschieht zum Teil, weil bei den kleinen Honoraren sonst nichts rumkommt. Zum Teil in der Hoffnung, irgendwann vielleicht doch einmal etabliert zu sein und nicht mehr prekär. Diese permanente Mehrarbeit schädigt, Marx' im Alltag leicht überprüfbarer Einsicht zufolge, fast alle. Natürlich sind permanente Mehrarbeit und Selbstausbeutung, ist die ganze rastlose Projektemacherei jeweils individuell nachvollziehbar. Doch sie ist eben nicht nur eine private Überlebensstrategie und Lebensform der verzweifelten Suche prekärer Soloselbstständiger und Angestellter nach festem Halt. Sie ist auch ein *gesellschaftliches Verhältnis*, das die Arbeits- und Lebensbedingungen insgesamt verschlechtert und den Kampf ums Dasein, um Sichtbarkeit und Anerkennung wider besseres Wissen immer mehr verschärft.

Nirgendwo gibt es ein so elaboriertes Wissen über die eigenen strukturellen Arbeitszusammenhänge wie im Kulturbereich. Dieses Wissen ist bis heute aber weitgehend folgenlos geblieben. Offensichtlich steht eine wirklich radikale Aufklärung hier noch aus. Verschlimmert wird dies noch dadurch, dass in der Pandemie fast alle informellen und zufälligen Begegnungen rund um öffentliche und halböffentliche Kulturorte herum weggefallen sind. Und damit auch alle informellen Gespräche, der Tratsch, der das Wissen und die Kritik zirkulieren lässt. Dadurch entsteht eine soziale Isolation der Künstlerinnen, Wissenschaftlerinnen und Autoren, die nicht nur für die gemeinsame Interessenvertretung und die Aufklärung ungünstig ist.

Es fehlt eine Aufklärung, die die gewonnenen Erkenntnisse nicht nur als Kritik in erbaulicher oder anklagender Weise pflegt. Sondern sie tatsächlich auf den Alltag und die eigene Arbeit, die eigene Rolle im Kulturbetrieb anwendet und sie dort auch jeweils im konkreten Einzelfall offensiv thematisiert und zur Disposition stellt. Das ganze Ensemble von eigenen Produktions- und Arbeitsbedingungen, eigener Position im Feld; von Arbeitszeiten und Honoraren oder Entlohnungen, Abhängigkeits- und Freundschaftsbeziehungen mit anderen; von realen Spielräumen des eigenen Sprechens und Handelns im Kontext von Kulturprojekten.

Eine Frage wäre also zum Beispiel:
Wie viele Ausstellungen, Theaterstücke, Vortrags- und Diskussionsveranstaltungen über prekäre Arbeits- und Existenzbedingungen sollen noch unter ihrerseits unwürdigen Arbeitsbedingungen organisiert werden?

Die Unterkonsumtionskrise als andere Seite der strukturellen Überproduktionskrise wird zu wenig beachtet. Und dies, obwohl sie den ganzen Alltag und das eigene Verhalten prägt. Wie viel Zeit haben wir überhaupt? Wie viel Zeit zum Lesen, zum Betrachten von Ausstellungen oder Theaterstücken? Haben nicht viele längst eine eingebaute Abwehrhaltung gegen Neues, gegen die Infragestellung ihrer jeweiligen Denkmodelle und Gewohnheiten? Zu viel Produktion, zu wenig Konsum, Verarbeitung, Gebrauch: Die Pandemie mit ihren Kontaktbeschränkungen verstärkt genau diese Dynamik. Denn jetzt fehlen die Räume und Gelegenheiten für alle halbprivaten Gespräche und Begegnungen, welche die *Dritte Zone* zwischen den privaten Haushalten und den öffentlichen Veranstaltungen ausmachen.

Die Unterkonsumtionskrise als Schatten der Überproduktion wird von einer Kultur der Entfremdung und Überbeschäftigung genährt. Schon alleine die allgemeine Erwartungshaltung der Vielbeschäftigung, des universalen »(Zu) viel zu tun«, nötigt zu einer Praxis und einer Selbstdarstellung der (Über-)Fokussierung auf die eigene Arbeit(-skraft) – und damit auf ihre unkritische Verwertung und Indienstnahme im Betrieb.

Obwohl die Begegnung mit der Armada der Überbeschäftigten längst als unendlich langweiliger Mehltau über dem Kulturbetrieb liegt, hat dieses wachsende Unbehagen immer noch keine größere produktive Macht entfaltet. Nichts ist uninteressanter als der Umgang mit den Vielbeschäftigten, ihrem flackernden Blick, ihrer blanken Professionalität. Aber dieses Gefühl des Unbehagens hat bisher noch keine größere Macht entfaltet. Zu groß scheint bei vielen immer noch die »Angst vor der eigenen sittlichen Minderwertigkeit«: die Angst, im Vergleich zu anderen als unterbeschäftigt dazustehen. »Sie hat wohl zu viel Zeit.« Es hilft nichts, da müssen wir durch.

* * *

Für Marcel Proust.

Der Sohn wohlhabender Eltern, der, gleichgültig ob aus Talent oder Schwäche, einen sogenannten intellektuellen Beruf, als Künstler oder Gelehrter, ergreift, hat es unter denen, die den degoutanten Namen des Kollegen tragen, besonders schwer. Nicht bloß, daß ihm die Unabhängigkeit geneidet wird, daß man dem Ernst seiner Absicht mißtraut und in ihm einen heimlichen Abgesandten der etablierten Mächte vermutet. Solches Mißtrauen zeugt zwar von Ressentiment, würde aber meist seine Bestätigung finden. Jedoch die eigentlichen Widerstände liegen anderswo. Die Beschäftigung mit geistigen Dingen ist mittlerweile selbst »praktisch«, zu einem Geschäft mit strenger Arbeitsteilung, mit Branchen und numerus clausus geworden. Der materiell Unabhängige, der sie aus Widerwillen gegen die Schmach des Geldverdienens wählt, wird nicht geneigt sein, das anzuerkennen. Dafür wird er bestraft. Er ist kein »professional«, rangiert in der Hierarchie der Konkurrenten als Dilettant, gleichgültig wie viel er sachlich versteht, und muß, wenn er Karriere machen will, den stursten Fachmann an entschlossener Borniertheit womöglich noch übertrumpfen. Die Suspension der Arbeitsteilung, zu der es ihn treibt, und die in einigen Grenzen seine ökonomische Lage ihn befähigt, gilt als besonders anrüchig; sie verrät die Abneigung, den von der Gesellschaft anbefohlenen Betrieb zu sanktionieren, und die auftrumpfende Kompetenz läßt solche Idiosynkrasien nicht zu. Die Departementalisierung des Geistes, ist ein Mittel, diesen dort abzuschaffen, wo er nicht ex officio, im Auftrag betrieben wird. Es tut seine Dienste umso zuverlässiger, als stets derjenige, der die Arbeitsteilung kündigt – wäre es auch nur, indem seine Arbeit ihm Lust bereitet –, nach deren eigenem Maß Blößen sich gibt, die von den Momenten seiner Überlegenheit untrennbar sind. So ist für die Ordnung gesorgt: die einen müssen mitmachen, weil sie sonst nicht leben können, und die sonst leben könnten, werden draußen gehalten, weil sie nicht mitmachen wollen. Es ist, als rächte sich die Klasse, von der die unabhängigen Intellektuellen desertiert sind, indem zwangshaft ihre Forderungen dort sich durchsetzen, wo der Deserteur Zuflucht sucht.

(Theodor W. Adorno, »Minima Moralia. Reflexionen aus dem beschädigten Leben«, Aph. 1, in: *Gesammelte Schriften 4*, Hg. Rolf Tiedemann, Frankfurt am Main 1997, S. 21 f.)

7.) *DOPPELLEBEN UND NICHTIDENTITÄT.* LEBEN VON UND LEBEN FÜR KUNST, WISSENSCHAFT UND POLITIK

»Die einen müssen mitmachen, weil sie sonst nicht leben könnten, und die sonst leben könnten, werden draußen gehalten, weil sie nicht mitmachen« (Adorno, s. S. 71): Die Spaltung zwischen Vollprofis und partiellen Amateuren durchzieht das Kulturleben ganz. Im Vergleich zu Adornos Zeiten ist das Feld komplexer, hybrider geworden. Es gibt Deserteure und Verräter des Betriebs aller Art. Die Lebensrealität einer großen Mehrheit künstlerisch und intellektuell tätiger Menschen ist eine zusammengesetzte, keine einheitliche. Der Beruf der Künstlerin, des Schriftstellers, der Journalistin, der Wissenschaftlerin, des Performers ist in den meisten Fällen eine für die Person zwar sehr wichtige Identität; meist aber eben nicht die vorrangig beruflich existenzsichernde Tätigkeit. Daneben gibt es meist noch zeitlich, energetisch und mental je nach Notwendigkeit und Bedarf mehr oder weniger beanspruchende Brotnebenjobs, Brotjobs und Brotberufe innerhalb wie außerhalb des Kulturlebens. Und es gibt (zumindest für einen großen Teil der Frauen und avancierteren Männer) meist noch dauerhafte, zeitlich, energetisch und mental je nach Lebensphasen mehr oder weniger beanspruchende Haushalts- und Sorgearbeiten. Die zusammengesetzte Form dieser (Nicht-)Identität ist also die eines

Doppellebens, in vielen Fällen die einer drei- oder mehrfachen Identität. Der Witz ist also die *Nichtidentität*, die *Vielfältigkeit der Existenz*. Darin steckt die konkrete Utopie.

»Beruf« – das ist heute eine schwierige Kategorie geworden. Auch wenn die symbolische Ordnung der Gesellschaft, also zugleich der Staat und »Die Anderen«, einen weiterhin gerne nach irgendeiner primären Identität einsortiert und kategorisiert, und dann entsprechend der hierarchischen Position im professionellen Feld verortet. Das ist das Kategoriensystem des »Eindimensionalen Menschen«.[13] *Das wahre Leben* hingegen wäre eines, wo die verschiedenen Lebensschwerpunkte und Identitäten sich miteinander ohne permanente Überforderung und Zermürbung vereinbaren lassen. Wo sie die jeweilige Person und ihr Umfeld auch für die jeweils anderen Bereiche auf eine inspirierende Weise fördern und bereichern. *Das falsche Leben* ist eines der Einseitigkeit, der Zwangsidentität oder der permanenten Überforderung, der Unvereinbarkeit und Zerrissenheit. Ein Leben, in dem Vielfalt auf Dauer eher ein Verlustgeschäft ist, bei dem man am Ende den Anforderungen weder des einen noch des anderen Bereichs genügen kann.

Auch an dieser Stelle sind die Bedürfnisse der Kulturarbeiterinnen nicht prinzipiell anders als die

13) Vgl. Herbert Marcuse, *Der eindimensionale Mensch. Studien zur Ideologie der fortgeschrittenen Industriegesellschaft*, Neuwied/Berlin 1967

aller anderen Menschen: Die lebensnotwendigen Arbeiten in relativ kurzer Zeit unter möglichst humanen Bedingungen verrichten zu können – um genügend Zeit und Energie für Sorge- und Hausarbeit, kulturelle und politische Tätigkeiten, soziale, freundschaftliche und nachbarschaftliche Geselligkeit, und Hobbys aller Art zu haben. Schon Marx wusste, dass es im befreiten kommunistischen Leben eben keine ausschließlichen Berufe und spezialisierte Existenzen mehr gibt, sondern eine freie Entwicklung der Individualitäten, die sowohl bloße Mußezeit, also Zeit für Hobbys wie Jagen und Fischen, als auch Zeit für, wie er es nennt, höhere Tätigkeiten wie die Schriftstellerei meint.

Die heutigen zusammengesetzten Existenzen sind also ein Vorschein des befreiten Lebens. Ihnen fehlen bisher nur, bei den meisten, die nötigen sozialen, materiellen, zeitlichen und kulturellen Ressourcen – und eine klare *gesellschaftliche Vereinbarung*, die diese zusammengesetzte, vielfältige Existenzform zu einer anerkannten Norm macht (anstatt sie im Leiden am Vergleich mit einer falschen Norm festzuhalten). Oft fehlen ihnen auch entscheidende intellektuelle Dispositionen oder die Vorstellungskraft, um zu verstehen, dass dieses Leben tatsächlich fast schon das richtige Leben ist – das, worum es geht. Dieses »Fast« hat eine ärgerliche Unschärfe.

Die Überbewertung der kulturellen Institutionen und Professionen entspringt oftmals einem Missverständnis über den Sinn des Tuns. Leben für die Wissenschaft, die Literatur oder die Kunst –

bedeutet eben nicht unbedingt, dass das ein Beruf ist. Max Weber hatte, auf dem Höhepunkt des deutschen Bildungsbürgertums, auf den entscheidenden Unterschied aufmerksam gemacht, der zwischen dem Leben *für* und dem Leben *von* der Wissenschaft liegt. Er hat damit zugleich auf eine Kritik am professionellen Betrieb und seinen Zurichtungen und Beschädigungen der authentischen Antriebe geistiger Arbeit hingewiesen. Und auf die geheime materielle Voraussetzung der inneren Distanz, der Unkorrumpierbarkeit Forschender, aber auch politisch Aktiver zum Betrieb: genügend freie Zeit und materielle Sicherheit. Solange dies ein Privileg einiger weniger Vermögender (und besonders Asketischer) bleibt, wird die Mehrheit der intellektuell, künstlerisch und politisch Aktiven, ebenso wie die Mehrheit der Haus- und Sorgearbeit Verrichtenden, immer aufgerieben sein von zeitlich wie energetisch unvereinbaren Lebensschwerpunkten. Und korrumpiert von der Macht der professionellen Apparate, die ihnen nicht nur Einkünfte, sondern auch Identität und Anerkennung versprechen.

Weber hatte verstanden, dass unter den Bedingungen der kapitalistischen Klassengesellschaft nur eine sichere Einkommensquelle wie eigenes oder fremdes Vermögen genügend Abstand zum Wissenschafts-, Kultur- oder Politikbetrieb und ihren Apparaten erzeugt. Seine Ausführungen am Beispiel der Politik haben Gültigkeit auch für Kunst und Wissenschaft:

> *»Von« der Politik als Beruf lebt, wer danach strebt, daraus eine dauernde* Einnahmequelle *zu machen – »für« die Politik der, bei dem dies nicht der Fall ist. Damit jemand in diesem ökonomischen Sinn »für« die Politik leben könne, müssen unter der Herrschaft der Privateigentumsordnung einige, wenn Sie wollen, sehr triviale Voraussetzungen vorliegen: er muß – unter normalen Verhältnissen – ökonomisch von den Einnahmen, welche die Politik ihm bringen kann, unabhängig sein.*[14]

Wirklich im emphatischen Sinne »für« die Politik, die Wissenschaft, die Kunst leben, also unabhängig an ihren jeweiligen Wahrheiten und Aufträgen zu arbeiten, das erfordert einen zeitlichen und ökonomischen Abstand zur Macht der Professionen. Unter Bedingungen nicht mehr einer reinen bürgerlichen Privateigentumsordnung, sondern eines avancierten demokratischen Sozialstaates kann es also nur um die *fortschreitende Ausdehnung* des vormals auf wenige Besitzende beschränkten Privilegs der Möglichkeit zur freiwilligen Arbeit für das politische oder geistige Gemeinwesen gehen.

Emanzipatorisch ist es also nicht, angesichts fortschreitender Produktivkräfte und Bildungskapazitäten weiterhin mit der wohlfahrtsstaatlichen Fantasie von Vollzeitbeschäftigung und Hauptbe-

14) Max Weber, »Politik als Beruf«, in: *Gesammelte politische Schriften*, 3. Aufl., Tübingen: J. C. B. Mohr (Paul Siebeck) 1971, S. 505–569 (513)

ruflichkeit zu operieren, und so die Fantasie einer Anstellung oder Auslastung aller geistig oder politisch Tätigen im Vollzeitmodus weiter zu bedienen – was zu einem gnadenlosen Wettbewerb um knappe Plätze führt. Das ist das Phantasma, das unsere Vorstellungswelt gefangen hält und viele unglücklich macht, weil wir ihr weder genügen können noch wollen.

Emanzipatorisch wäre es, die längst massenhafte Realität zusammengesetzter, pluraler Identitäten anzuerkennen. Und ein neues Bild des guten Lebens zu entwerfen. Um dann darauf eine neue Ordnung der Arbeit, der Tarifpolitik und des Sozialstaats zuzuschneiden.

– Damit eben nicht insgeheim die »feste Vollzeitstelle« doch, aller anders lautender Bekenntnisse zum Trotz, gerade in der Wissenschaft (aber mittlerweile eben auch in der Kunst, wo die Professur an der Kunstakademie längst zur einzig stabilen Perspektive dauerhaften materiellen Auskommens und dauerhafter symbolischer Anerkennung geworden ist) weiterhin der Fluchtpunkt aller geistigen und beruflichen Anstrengungen bleibt (anstatt dass breit verteilte Arbeitsplätze und Arbeitszeiten als soziale Basisabsicherung für selbstständige Existenzen der vielen dienen). Je mehr Mitbewerber es um knappe Stellen gibt, desto mehr wird die Berufsethik im betreffenden Feld korrumpiert. Die Folgerung daraus ist:

Vollzeit-Beschäftigung als Normalitätserwartung wird institutionell im Stellenprofil zum Beispiel des Öffentlichen Dienstes abgeschafft. Das betrifft die Kultur genauso wie andere Professionen. Es gibt nur noch Teilzeitarbeit und Job-Sharing, auch und gerade bei Führungspositionen an Theatern, Museen, Rundfunkanstalten oder Universitäten. Dadurch würde der korrumpierende Effekt verwilderten Wettbewerbs unter Bedingungen der Überproduktion reduziert.

Leben für die Wissenschaft, die Kunst oder die Politik: Das emanzipatorische Programm ist die Verbreiterung des Zugangs durch die gesellschaftliche Bereitstellung der zeitlichen, finanziellen und rechtlichen Voraussetzungen – anstatt um einen kleinen Kern von regulär und hauptamtlich Beschäftigten in konzentrischen Kreisen finanziell und arbeitsrechtlich immer prekärer Beschäftigte zu gruppieren. Die deutsche Universität ist hier wohl aktuell der Marktführer in Sachen Verwilderung der Arbeitsverhältnisse.

War bisher das exklusive *Privateigentum an Arbeits-Plätzen* (und eben nicht nur an Produktionsmitteln oder Vermögen!) die entscheidende und entschieden pathologische Grundstruktur unseres Zusammenlebens, so wird in einer freiheitlichen Zukunft die Arbeits- und Sozialstaatsstuktur auf zusammengesetzte Arbeitsmodelle und Arbeitsbiografien zugeschnitten sein. Und die Arbeitsgelegenheiten im Öffentlichen Dienst, aber auch in der privaten Wirtschaft als möglichst breit zu teilendes *Gemeingut* behandelt.

Das bedeutet: Die existenzielle Absicherung der zusammengesetzten Lebensentwürfe darf nicht länger das *Privatproblem* der Betreffenden bleiben, das sie im Modus der Prekarität vor unendlich schwer zu meisternde Aufgaben des sowohl materiellen wie kulturellen Managements der Abstimmung ihrer verschiedenen Tätigkeiten und Bedürfnisse stellt. Diese Absicherung muss zur politischen *Gemeinschaftsaufgabe* werden.

Daher darf der Kampf um die Verbesserung der Arbeits- und Existenzbedingungen der kulturellen Arbeiterinnen und Arbeiter sich heute nicht in der Wiederherstellung des Status quo ante erschöpfen – des Zustands vor März 2020. Mittlerweile haben einige deutsche Bundesländer wichtige Maßnahmen zur finanziellen Unterstützung soloselbstständiger Künstlerinnen getroffen, allen voran Berlin und Nordrhein-Westfalen. Das größte deutsche Bundesland hat zudem über akute Notfallmaßnahmen hinaus gesetzgeberische Pionierarbeit geleistet. Im Mai 2021 wurde mit dem *Kulturgesetzbuch* erstmals ein Mindestlohn für die Kultur eingeführt: eine verbindliche Honoraruntergrenze für alle Arbeiten an freien Kulturprojekten und Institutionen, die mit Landesgeldern gefördert wurden.

Die Ziele müssen aber noch viel weiter gesteckt werden und über die dringend notwendigen sozialpolitischen Absicherungen selbstständiger Kulturarbeit hinausgehend ein ganzes Berufsbild revidieren. Es gälte dabei, Emanzipation nicht einseitig auf eine gesellschaftskritische Vernunft einzuengen (auf das, was man »kritisches Bewusstsein« nennt oder »Institutionskritik«), sondern um eine emphatische hedonistische Dimension zu erweitern. Das Persönliche ist auch hier politisch. Es beinhaltet eben auch und vor allem die eigenen Arbeits- und Lebensbedingungen: den Wunsch und das Begehren, nicht nur *die Gesellschaft* vernünftig zu verändern, sondern auch *das eigene Leben* umzugestalten und es möglichst, im Widerstand gegen die professionellen Zwänge zur Selbstzurichtung, zu einem besseren Leben zu machen. Dafür müssen wir uns nicht nur als abstrakte Dritte Personen verstehen, sondern auch im Modus der Ersten Person Singular, als konkrete leidende Subjekte.

Eine kritische Berufspraxis würde heute bedeuten, die antiprofessionellen Aspekte dieses Begehrens stärker zu artikulieren. Eine fortschrittliche Kritik kultureller Institutionen stellt eine bestimmte Negation der falschen Aspekte der Berufsförmigkeit kultureller Arbeit dar. Leben für die Wissenschaft, die Kunst und die Politik: Diejenigen, die nicht ihre ganze Existenz dem jeweiligen Feld verdanken, können ungleich souveräner auftreten und ungleich selbstbewusster ihrer persönlichen oder politischen Leidenschaft folgen – müssen sich viel weniger den jeweils Herrschenden in einem Feld unterwerfen und ungleich weniger ihr Leben und ihre Arbeitskraft dem Diktat der Verwertung beugen. Sie sind nicht mehr nur Arbeiterinnen und Arbeiter, Proletarier und Arbeitskraftverwerterinnen. Sie werden, wie Marx schreibt, durch die Schaffung gesicherter materieller Existenzen und radikal vermehrter freier Zeit eben irgendwann zu *anderen Subjekten* und kehren, *als diese anderen, verwandelten und befreiten Subjekte* wieder in den Arbeits- und Produktionsprozess zurück, um ihn umzugestalten:

> *Die freie Zeit, die sowohl Mußezeit als Zeit für höhre Tätigkeit ist – hat ihren Besitzer natürlich in ein andres Subjekt verwandelt, und als dies andre Subjekt tritt er dann auch in den unmittelbaren Produktionsprozeß.*[15]

Sehr viele Menschen führen bereits ein solches Leben. Nur eben meist in einem minoritären und defekten Modus. Im Modus großer materieller und zeitlicher Entbehrungen und Vereinbarkeitsprobleme; im Modus mangelnder gesellschaftlicher Anerkennung und Sichtbarkeit – oder im Modus eines persönlichen Privilegs oder Unrechts (infolge einer zeitlich wenig beanspruchenden, gut dotierten und sicheren Stelle; einer guten Heirat oder Erbschaft; einer stark ausgeprägten patriarchalen Gabe zur Delegierung von Haushalts- und Sorgearbeit an andere; oder eines seltenen Talents zum effektiven Zeitmanagement). Viele dieser Menschen können

15) Karl Marx, »Grundrisse der Kritik der politischen Ökonomie«, in: *MEW* Band 42, Berlin 1983, S. 607

bezeugen, wie schal dieses Privileg auf Dauer schmeckt. Wie sehr es nach Verallgemeinerung drängt. Es geht also nicht darum, wie in den klassischen bildungsbürgerlichen Ideen Max Webers, dass einige wenige Privilegierte sich vom Betrieb reinhalten können. Es geht um die Durchlässigkeit und die Verwandlung des Betriebs selbst: indem immer mehr Menschen, unter zivilisierten Bedingungen und auf eine gelingende Weise, sowohl »von« als auch »für« die Wissenschaft, die Kunst, die Publizistik leben können.

* * *

> *In all der Zeit, in der ich geschrieben habe, korrigierte ich auch Klassenarbeiten und erstellte Musterlösungen für Aufsätze, weil ich dafür bezahlt werde. Diese gedanklichen Spielereien lösten in mir dieselben Gefühle aus wie Luxus, ein Eindruck von Unwirklichkeit, das Bedürfnis, zu weinen.*
>
> (Annie Ernaux, *Der Platz*, Berlin 2019, S. 94)

8.) *MILIEU, ÖKOLOGIE UND SORGEARBEIT.* DAS LEBEN DER BOHEME JENSEITS DES PRODUKTIVISMUS

Wenn es stimmt, dass es in der Kultur eine nicht nur zyklische, sondern chronische Überproduktions- und Unterkonsumtionskrise gibt, dann stellt sich die Frage, ob man den Wert der entsprechenden Arbeits- und Lebensweisen nicht anders bestimmen sollte. Ob es nicht genauso die Reproduktion einer Lebensweise und eines Milieus ist, ein Milieu der Produktion und Reproduktion von Subjektivitäten, Wissensformen und Lebensweisen, welches den Wert bildet. Und nicht nur die Produkte und Werke, die jeweils hervorgebracht und auf den Markt gebracht werden. Von Letzteren kann man sagen, dass es eher zu viel gibt, viel mehr, als je gebraucht und verbraucht werden kann. Während das von Ersterem, den Werten, so nicht behauptet werden kann.

Es ist also Zeit, sich von einem produktions- und produktivitätsorientierten Modell kultureller Arbeit zu lösen und zu einem ökologischen, reproduktionsorientierten überzugehen. Hier geht es nicht nur um das, was Diedrich Diederichsen am Beispiel der Kunst als Arbeit der »Relevanzzuweisung« bezeichnet. Dieser Blick ist zu sehr auf die jeweiligen hierarchisch strukturierten Professionen und Betriebssysteme fixiert und setzt im Vorhinein ein System der unausweichlichen Ausbeutung und

Enteignung der vielen durch die wenigen in Kraft (dem man dann nur noch durch nachträgliche Umverteilungen begegnen kann).[16] Es geht bei der ökologischen Sichtweise eher um die Affirmation einer egalitären Lebensweise der vielen, die gleichsam als Nebenprodukt Relevanz und Bedeutung produziert.

Erst im Rahmen eines reproduktionsorientierten Modells wird es möglich, *gleichzeitig* über politische, politökonomische und sozialstaatliche Maßnahmen gegen Überproduktion und die entsprechenden Verschlechterungen der Arbeits- und Lebensbedingungen nachzudenken *und* das Arbeits- und Lebensmodell relativ freier kultureller Arbeits- und Existenzweisen zu bejahen und aufzuwerten. Es geht dann weniger um die forcierte Produktion von Werken (mit den fatalen Folgen der Überproduktion: Konkurrenz, Mehrarbeit, Ungleichheit, Entwertung, Entfremdung). Weniger um die Demonstration einer gesellschaftlichen Nützlichkeit der Kultur und mehr um die individuelle und gemeinsame Reproduktion eines Milieus und einer Lebensweise. Dieser Gedanke ist bedeutsam für die Frage von Staatshilfen oder neuen Hilfsfonds für Kulturschaffende. Die teilweise gezahlten, teilweise vorenthaltenen, bürokratisch erschwerten oder verunmöglichten Zahlungen wiesen dann in eine kulturökonomisch interessante Richtung:

16) Vgl. Diedrich Diederichsen, »Überlebensrate 4 %«, in: *Lerchenfeld* Nr. 53, April 2020

Zahlungen für ausgefallene Honorare, für Aufträge, die abgesagt oder gar nicht erst eingegangen sind, könnten, nach dem Ende der Pandemie, in ihrer Bedeutung rekonfiguriert und verlängert werden. Sie wären dann analog zu Stilllegungsprämien für nicht mehr intensiv genutzte landwirtschaftliche Flächen eine Zahlung für die Pflege einer Kulturlandschaft. Sie ermöglichen die Fortsetzung einer Lebensweise, die von der alleinigen Produktions-, Ergebnis- oder Outputorientierung befreit wird.

Ernst und Emphase künstlerischer wie intellektueller Arbeit liegen nicht nur im »Werk« und der Stellung seiner Autorin im professionellen Feld. Das bedeutet, dass die Reproduktion eines Milieus, der künstlerischen und intellektuellen Lebensweise selbst in den Vordergrund tritt. Sie wird dann von einem *latenten* zu einem *manifesten* Gehalt der Arbeit. Das je individuelle und das gemeinsame Leben werden zum Gegenstand der Arbeit. Das ist natürlich ein alter Hut in der Geschichte der Boheme, wie zum Beispiel anlässlich des 150. Geburtstags von Fanny Gräfin zu Reventlow am 18. Mai 2021 deutlich wurde. In der sehr schönen und ausführlichen Würdigung in der *Jungle World* schreibt Anna Seidel über den Geist der Schwabinger Boheme um 1900 und zitiert dabei Erich Mühsams retrospektives Buch *Unpolitische Betrachtungen* von 1931:

> *Schwabing ist wie Montmartre weniger ein geographischer als ein kultureller Begriff. Es ist nicht*

der künstlerische Schaffensfleiß, der die spezifische Schwabinger Atmosphäre schafft; denn es kann nicht geleugnet werden, daß das wichtigste Merkmal dieser Atmosphäre die Regellosigkeit der Konvention im Verkehr zwischen den Menschen, in deren künstlerischer Produktion den allerschwächsten Ausdruck findet.[17]

Kulturelle Arbeit erscheint als Sorgearbeit, als gemeinsame Arbeit an einem Milieu und einer Lebensform. Selbst wenn wir nicht alle romantischen Befreiungsutopien der Pariser oder Schwabinger Boheme teilen, wird man dennoch zugeben müssen, dass die Spießigkeit und Enge der gegenwärtigen Kulturmilieus viel mit der Überbetonung des produktiven kulturökonomischen Aspekts unserer Arbeit als Künstlerinnen, Wissenschaftler und Autorinnen zu tun hat. Wenn wir uns davon befreien wollen, verschieben sich die Bewertungsmaßstäbe und Hierarchien: weg von einer Arbeitswertlehre des rationalen Einsatzes von Zeit und der maximalen Verwertung von Arbeitskraft – hin zu einer Lehre von freier Verausgabung und freiem Austausch der Zeit und der Ideen. Weg von einer *tauschwertorientierten* hin zu einer *gebrauchswertorientierten* Kulturökonomie.

Kulturelle Arbeit ist die Hervorbringung und permanente Reproduktion einer Lebensweise, die

17) Anna Seidel, »Fanny Girl«, in: *Jungle World* Nr. 19, 12. 5. 2021, S. 12

ebenso sehr aus Subjekten wie aus Subjektkonstellationen besteht. Sie ist Sorge- und Reproduktionsarbeit, genauso wie die soziale Reproduktionsarbeit in Haushalten, Familien und Freundschaftsverbänden. Die existenzielle Krise dieser Lebensweisen seit der Coronapandemie lässt das immer schon ungelöste Strukturproblem explodieren: die fragile Konstruktion dieser Subjekte und Subjektkonstellationen. Die Existenzkrise soloselbstständiger Kulturarbeiterinnen ist eben eine doppelte: *zugleich ökonomisch und moralisch.* Nicht nur die *Subjekte* lösen sich auf, sondern auch, mit dem Verschwinden der sie tragenden öffentlichen Orte und Medien, den vielfältigen Formen des gemeinsamen Erscheinens und Austauschs, die *Subjektkonstellationen.* Es lösen sich die Orte und Formen der Gemeinschaft mit den Kolleginnen und dem Publikum auf.

Die Tücke der Überproduktion liegt darin, die Zeit für die Stetigkeit des Übens und Vorübens, des Vorbereitens und der Recherche tendenziell immer mehr zu verringern. Mit dem Resultat, dass der notwendige Fleiß des Übens, der für alle Künstlerinnen, Autoren, Wissenschaftlerinnen und Musiker unabdingbar ist, genauso wie der gemeinsame Gesprächsaustausch, in der Öffentlichkeit oft schon als das Werk selbst erscheint. Der Irrtum besteht darin, dass diese Übestücke und Diskurse dem Gesetz der Überproduktion folgend zu oft zur Ausstellung und zur Veröffentlichung gebracht werden. Das ganze irrsinnige Drängen auf die Bühne wird angefeuert von den Konkurrenzzwängen der Überproduktion. Innerhalb dieser pathologischen Ökonomie eines chronischen Aufmerksamkeitsdefizits erscheinen die meisten anderen (die außerhalb des eigenen »Tribes«) immer schon als Konkurrentinnen um knappe Sendeplätze – sind wir, wenn wir nicht dagegen arbeiten, immer schon von ihnen und damit von uns selbst entfremdet.

Das ökologische Paradigma der Reproduktion einer gemeinsamen Lebensweise steht dem ökonomischen Paradigma von sich selbst zu richtenden bornierten Produktionsmonaden entgegen. Innerhalb eines ökologischen Paradigmas der Kultur würden das Üben und die Zeit des Übens ebenso wie die Geselligkeit, der Tratsch und die informellen Treffen viel stärker als solche in den Blick genommen. Zeit zum Üben. Zeit für Tratsch und Geselligkeit, für den Aufenthalt in der *Dritten Zone* zwischen Öffentlichkeit und Privatheit. Zeit zum Konsum, zur Besprechung, zum Gebrauch der Ideen und der Kunst – und zwar nicht nur für das Publikum, sondern für die Kulturproduzentinnen und -produzenten selbst.

* * *

> *»[D]en Übereifer der Spezialisten wieder einbremsen und das Feld ihrer Einbildungskraft erweitern.«* […] *Whitehead zielt hier besonders auf diese modernen Spezialisten ab, die er »Professionelle« nennt.* […] *Die spezialisierten Abs-*

traktionsweisen unserer modernen Professionellen sind diejenigen, die dem, was die Moderne Fortschritt nennt, Bedeutung verleihen, und man überrasche sich nicht, dass der Fortschritt ein Wort ist, das von sehr konfliktreichen Bedeutungen besetzt ist, die aber alle übereinstimmen in der Notwendigkeit, mit dem Gemeinsinn zu brechen. […]

Es gibt Professionelle, die zugeben, dass sie von ihren Abstraktionsweisen beherrscht werden, aber sie werden sich als solche darstellen, die den notwendigen Preis für das bezahlen, was sie ihre Berufung nennen. Was ziemlich übertrieben ist: Die Berufung ist ein uraltes Thema, das eben gerade nicht blinde Hingabe impliziert. Wir müssen nicht befürchten, die Berufungen zu zerstören, indem wir verlangen, dass die Spezialisten lernen, dass es eine Welt gibt jenseits ihrer engen Sparten.

Whitehead betont es, die Fabrik der modernen Professionellen, der festgelegten Personen, mit festgelegten Aufgaben, ist eine moderne Erfindung […].

Die Professionalisierung stellt daher die Frage nach dem Milieu, das sie verlangt, ihres institutionell assoziierten Milieus, und nach diesem anderen Milieu, das sich seinerseits in einem Abstand halten muss, wo es sich den Respekt für ein Wissen auferlegen muss, von dem sich die Autorität isoliert.

(Isabelle Stengers, *Réactiver le sens commun. Lectures de Whitehead en temps de crise*, Paris 2020, S. 29–32, Übersetzung Michael Hirsch)

9.) *PROFESSIONELLE UND AMATEURE.* SICH DEM RECHTFERTIGUNGS- UND PRODUKTIONSTERROR ENTZIEHEN

Wie Donna Harraway ist Isabelle Stengers eine der wenigen etablierten Wissenschaftlerinnen, die versuchen, im Namen einer ökologischen, feministischen und ästhetischen Vernunft die Welt der Professionellen nicht nur von außen, sondern auch von innen her zu kritisieren. Die Erkenntnis, dass sich die professionellen Disziplinen von der Erfahrung ihrer eigenen Lebenswelten und Umwelten abgespalten haben, bleibt nicht bei den üblichen zerknirschten und melancholischen Ritualen der Selbstkritik stehen. Vielmehr arbeitet sie am politischen Programm einer kritischen Berufspraxis: eines »changement de milieu«, einem Wandel des professionellen Milieus der Wissenschaftskulturen, um, ihrem Lehrmeister Whitehead folgend, den Gemeinsinn mit der Vorstellungskraft zu verschmelzen.[18]

Ein reproduktionsorientiertes Paradigma kultureller Arbeit beleuchtet den latenten Zweck von Kunst, Wissenschaft, Theorie, Literatur, Musik und Theater: die Reproduktion einer Lebens- und Erfahrungsweise, aus der, im günstigen Fall, geistige Produktionen erwachsen können. Das neue ökologische Paradigma würde einem Hauptgesetz folgen:

18) Isabelle Stengers, *Réactiver le sens commun. Lectures de Whitehead en temps de crise*, Paris 2020, S. 33 und passim

Drosselung institutioneller Produktions-, Rechtfertigungs-, Spezialisierungs- und Anschlusszwänge; Reduktion all derjenigen Zwänge zu Überproduktion, Mehrarbeit und Konkurrenz, welche die Arbeits- und Lebensverhältnisse in der Kultur immer mehr verschlechtert haben. Welche zur Kolonisierung der Lebenswelten durch die Systemwelten geführt haben.

So entsteht ein anderes Berufsbild. Nicht die Professionalität der Bewirtschaftung der jeweiligen Felder, Betriebe und Institutionen durch Einzelne dominiert. Nicht die forcierte, in vielen Fällen längst erkennbar zwanghaft, unendlich langweilig und devot gewordenen Rituale der Berufsförmigkeit kultureller Arbeit. Nicht die ängstliche Sorge um den eigenen Rang, die eigene Position im professionellen Feld. Eine spielerische Note kehrt damit in die Arbeit an der Kultur ein. Und ein anderer Ernst.

Es gilt den institutionellen Umbau der professionellen Apparate und Expertensysteme zu fördern, um ihre Durchlässigkeit zu Fantasie und Gemeinsinn zu erhöhen (durch Mindestlöhne und subsistenzsichernde Honorare im Kulturbereich, Stellen-Teilungen und radikale Arbeitszeitverkürzung in den institutionellen Kulturapparaten, veränderte Modalitäten bei Ausschreibungen von Aufträgen, Preisen, Stipendien usw.). Und es geht um die Arbeit an einem anderen Selbstverständnis, einer anderen Berufsethik kultureller Arbeiterinnen, welche ihre gefährliche Überidentifikation mit dem Betrieb auflöst.

Die Versuche des Autonom-Werdens arbeiten mit einer Logik und einem Ethos des Antiprofessionellen. Antiprofessionell ist etwas anderes als unprofessionell. Der professionelle Amateur ist ungleich besorgter um sein eigenes Leben und seine Lebensqualität als der Professionelle. Wir halten an den emphatischen Ansprüchen an die eigene Arbeit fest. Zugleich aber schützen wir unsere Arbeit, und damit unser eigenes Leben davor, von den Disziplinierungs- und Selbstzurichtungszwängen der kulturellen Systeme determiniert und ihnen unterworfen zu werden. Diese Fluchtlinien des Antiprofessionellen sind zwar eine jeweilige persönliche Bewegung, aber eben auch eine kollektive Bewegung, abhängig von den Bewegungen der anderen. Je stärker die institutionellen Disziplinierungszwänge der kulturellen Felder, desto schwieriger ist es für Einzelne, sich zu widersetzen. – Desto mehr kann ihr Widerstand vom Mainstream der Profession als bloße Spielerei, als Hobby, als bloß vereinzelt und unprofessionell abgetan werden.

> *Die ontologische Gewalt der Dispositive spüren, die uns zu Individuen machen, das heißt das Regime der Knappheit abzulehnen, das es für normal hält, dass einige – diejenigen, die noch ein bisschen spüren, denken und phantasieren – dem normalen Regime entgleiten; das heißt zu wissen, dass sie keine Auserwählten sind, sondern Überlebende, halb betäubt, aber noch nicht ganz. Und dieses Wissen zwingt uns dazu, koste es was es wolle*

> *die große Frage unserer Epoche am Leben zu halten: Wir wissen nicht wozu die Menschen noch fähig werden könnten.*[19]

Das Persönliche ist tatsächlich immer politisch. Vom Feminismus, der diesen Slogan geprägt hat, ist die Entbanalisierung des eigenen Lebens und Leidens zu lernen. Die Ablegung der übergroßen Angst vor Pathos und Kitsch. Es ist eben keine bloße Marotte und keine bloße Schwäche, wenn man zu bestimmten Bedingungen nicht arbeiten will. Wenn man der Identifikation mit dem Betrieb widersteht. Wenn man den Anspruch an das eigene Leben und seine Lebendigkeit deutlicher artikuliert. Und wenn man damit beginnt, dies eben nicht als ein privates, sondern als kollektives Problem zu artikulieren, das auch die anderen, die Kolleginnen und Kollegen ebenso wie das bürgerliche Publikum, angeht. Wenn man die eigene Arbeit und das eigene Leben in diesem Sinne als ein Modell begreift.

Das Modellhafte des Arbeitens und Lebens als Künstlerin, Dichter, Erzählerin, Musiker, Wissenschaftlerin oder Publizist erfordert die partielle Abwendung vom professionellen Berufs- und Produktionsethos. Gerade zurzeit ist dies schwierig. Denn die massenhafte Verarmung kultureller Soloselbstständiger in der Pandemie macht sie alle noch verletzlicher als vorher. Die ohnehin knappen Möglichkeiten, zugleich Einkommen und Sichtbarkeit

19) Isabelle Stengers, *Réactiver le sens commun*, S. 175

zu gewinnen, werden noch knapper. Sie sind noch ungleicher verteilt. Das erzeugt einen mächtigen Druck auf alle, nun noch mehr ihre Nützlichkeit und ihren Fleiß, ihre Produktivität und Professionalität zu demonstrieren. In den aktuellen Diskussionen um die ökonomische Bedeutung der sogenannten Kreativwirtschaft wird der ohnehin schon bestehende Druck auf die Kulturschaffenden, sich zu rechtfertigen, nochmals verstärkt.

Der professionelle Kampf um Rechtfertigung ist ein »Spiel«, in dem die meisten verlieren und nur eine ganz kleine Minderheit gewinnt. Und auch diese nur scheinbar, denn auch die wenigen Gewinnerinnen und Gewinner müssen einen sehr hohen Preis in Form wachsender Entfremdung und Zermürbung bezahlen. Anstatt sich weiter affirmativ zur herrschaftlichen Logik des Spiels zu verhalten und brav in wenige »Gewinner« und viele »Verlierer« zu segmentieren, geht es darum auszusprechen, immer und überall:

> Das Spiel lohnt sich nicht. Es führt zur Inflationierung von Leistungsanforderungen, zur chronischen Überlastung, zu einem stets präsenten Gefühl des Ungenügens. Das schlechte Gewissen, das Nietzsche, der gequälte Protestant, dem Christentum idealistisch als Erfindung einer Menschheitsgeißel zuschrieb – dieses schlechte Gewissen ist zu großen Teilen ein materieller Machteffekt der Unterwerfung unter eine Instanz, unter Institutionen, die uns die

Erlösung von einem Sein ohne Daseinsberechtigung versprechen. Hier, in diesem Terrorregime der Rechtfertigung, liegt die reaktionäre Kraft des Kulturbetriebs *par excellence*. Er beutet hemmungslos unsere Scham aus: die Furcht, in den Augen der anderen nicht zu genügen.

Überproduktion und allgemeine Konkurrenz im kulturellen Feld erzeugen als sichtbarste Manifestation einen allgemeinen Distinktionszwang, der uns immerzu wähnen lässt, wir selbst, der eigene Clan oder »Tribe« seien besser, interessanter und cooler als die anderen. Dieser Zwang ist, mit all seinen Elementen von zwanghafter Ablehnung der anderen und angemaßtem Urteilsvermögen in letzter Instanz eine Folge dieses Schamgefühls, der Angst vor dem Ungenügen. Genauer gesagt, er ist eine Technik des Überspielens dieser Angst und dieses Schamgefühls – eine Technik der Unterwerfung unter die Macht.

Ein anderes Spiel: wo es genau um das Gegenteil geht, nämlich die Befreiung von der Furcht und die Öffnung der Einbildungskraft für alternative Wirklichkeiten und Möglichkeiten. Es gilt also, durch die falsche Scham hindurchzugehen: durch die Scham einer nicht gerechtfertigten Existenz hin zu einer nicht mehr rechtfertigungsbedürftigen Existenz. Dafür brauchen wir sowohl neue kollektive Rechte auf Einkommen und soziale Sicherheit (um der materiellen Existenzangst zu entgehen) als auch eine Änderung im Selbstverhältnis und im Berufsethos der Autorinnen, Künstler und Wissenschaftlerinnen (um der Geltungsangst zu entgehen). Nur so können wir uns von den kleinen Machthaberinnen und Machthabern des Betriebs befreien, die ihrerseits vor den »großen Advokaten« zittern.

* * *

Kommen wir auf K. [in Kafkas Prozeß*] zurück. Die Unsicherheit, in der er sich in Bezug auf seine Zukunft befindet, ist nur eine Form der Unsicherheit in bezug auf das, was er ist, auf sein soziales Sein, auf seine »Identität«, wie man heute sagen würde; da ihm die Macht entzogen wurde, seinem Leben Sinn in der Doppeldeutigkeit des Wortes, nämlich Bedeutung und Richtung, zu geben, hat er in einer von den anderen gelenkten Zeit zu leben: entfremdet. Genau dies ist das Schicksal aller Beherrschten. Sie sind gezwungen, alles von den anderen zu erwarten, von den Inhabern der Macht über das Spiel und über die objektiven und subjektiven Gewinnchancen, die es bieten kann, also von denen, die die Macht haben, mit der Angst zu spielen, die aus der Spannung zwischen der Intensität des Hoffens und der Unwahrscheinlichkeit der Erfüllung unvermeidlich erwächst.*

In diesem »Wahrheitsspiel«, das Der Prozeß *modellhaft schildert, müht Josef K., der zu Unrecht Verleumdete, sich ab, den Standpunkt oberhalb der Standpunkte zu finden, das oberste Gericht, die letzte Instanz. Man erinnere sich, wie Block ihm erklärt, daß ihr gemeinsamer Verteidiger sich zu Unrecht zu den »großen Advokaten« zählt.*

(Pierre Bourdieu, *Meditationen. Kritik der scholastischen Vernunft*, Frankfurt am Main 2001, S. 304 f.)

10.) *ÖKONOMIEN DER ZEIT UND DES GUTEN LEBENS*. KONKRETE UTOPIEN DES ÜBERFLUSSES, LOGIK DER VERSCHWENDUNG

Eine solche Politik gegen die Angst findet immer zugleich auf dem immateriellen Terrain der Umwertungen wie auf dem materiellen der Umverteilungen statt. Hier hat Marx die Notwendigkeit einer Ökonomie der Zeit postuliert:

> *Ökonomie der Zeit, darin löst sich schließlich alle Ökonomie auf.*[20]

Fast alle Fragen lassen sich zuletzt auflösen in die Frage, wer wie viel Zeit für welche Aufgaben hat und wie diese Ökonomie der Zeit und der Aufgaben individuell und kollektiv organisiert wird – wer wie viel investiert, wie lange und worauf warten kann oder muss und mit welcher Wahrscheinlichkeit wie viel zurückbekommt. Sowohl individuell wie kollektiv sind alle Fragen letztlich Fragen nach dem guten Gebrauch der Zeit.

Die emanzipatorische Ökonomie der Zeit zielt auf die Gewinnung eines Zeit-Reichtums ab: auf die »Schöpfung von viel *disposable time* außer der notwendigen Arbeitszeit für die Gesellschaft über-

20) Karl Marx, »Grundrisse«, in: *MEW* Bd. 42, Berlin 1983, S. 105

haupt und jedes Glied derselben«.[21] Anstelle der Zermürbungsverschwendung des bestehenden Systems also eine andere – eine befreiende Verschwendung.

Lange Zeit hatte man sich in der Tradition des kritischen Arbeitshumanismus von Marx die Kulturarbeit als Vorbote einer allgemeinen Emanzipation vorgestellt: als Vorbote einer Befreiung menschlicher Arbeit und menschlicher Zeit aus der Herrschaft der Tauschwertproduktion. Als Vorschein einer Befreiung des Gebrauchswerts menschlicher Tätigkeiten. Also als Chiffre eines richtigen Lebens. Dieser Gedanke ist immer noch richtig, aber nur dann, wenn man zugleich mitreflektiert, wie sehr kulturelle Arbeit in den letzten Jahrzehnten immer mehr verlohnarbeitlicht und der professionellen Logik der Tauschwertproduktion unterworfen wurde. Wir also weniger emanzipiert sind als vor 50 Jahren.

Emanzipation bedeutet also nicht nur, dass in einer befreiten Gesellschaft *alle Menschen* die materiellen, zeitlichen und kulturellen Möglichkeiten der Teilhabe an kultureller Arbeit und kulturellen Gebrauchswerten haben würden. Es bedeutet auch, dass die kulturellen Arbeiterinnen und Arbeiter selbst sich mehr und mehr befreien können vom Zwang, ihre Arbeit primär zu Zwecken der Gewinnung des Lebensunterhalts ausüben und ihre

21) Karl Marx, »Grundrisse« in: *MEW* Bd. 42, Berlin 1983, S. 603

Arbeitskraft primär der Tauschwertproduktion unterwerfen zu müssen. Das heißt: Sowohl die »normalen« Lohnarbeiter wie diejenigen in der Kultur verlieren ihre exklusive, auf den jeweiligen Bereich beschränkte Identität.

Das Regime von Zeitnot und Erschöpfung bei den Kulturarbeiterinnen und Kulturarbeitern ist die Dystopie einer gescheiterten Befreiung im kulturellen Leben. Auch wenn in Zeiten der Pandemie sich viele nach ihm zurücksehnen: Dieses Regime markiert die exakte Verkehrung der emanzipatorischen Utopie. Hier herrscht die dystopische und nicht die utopische Form der Verschwendung von Zeit: aus einem Mangel anstatt aus einem Überfluss heraus. Nur wenn die kulturellen Arbeitsverhältnisse in sich selbst mehr dieser Logik folgen; nur wenn also auch bei den Künstlerinnen und Wissenschaftlern, den Publizistinnen, Performern und Musikerinnen die »disposable time« ihren »Besitzer in ein andres Subjekt verwandelt«[22] hat, kann ihre Arbeit eine gesellschaftlich progressive Rolle spielen. Nur dann könnte eine friedliche, möglicherweise bereichernde Koexistenz von Professionellen und Amateuren, von Hauptberuflichen und Nebenberuflichen gelingen – anstelle der gegenwärtigen repressiven sozialen Spaltung. Die überidentifizierten Professionellen müssten dabei lernen, mehr zu arbeiten und zu leben, *als ob sie*

22) Karl Marx, Grundrisse, in: *MEW* Band 42, Berlin 1983, S. 607

nicht Teil der sie sozialisierenden Disziplinierungsmaschinen wären – die unterintegrierten Amateure, *als ob* sie Teil wären. Das fortschrittliche Ziel liegt in der Perspektive der Überwindung des Primats der Lohnarbeit: sodass immer mehr Menschen in die Lage versetzt werden, ihre Arbeit als Liebhaberinnen, als Amateure zu verrichten. Seinen popkulturellen Ausdruck hat diese Hypothese der Überlegenheit der Amateure über die Professionellen in der BBC-Serie »Detectorists« gefunden, wo die Hobby-Archäologen aus der Provinz die Profis vom British Museum spielend übertreffen.

Noch einmal: Die Spaltung, die Entfremdung zwischen den einen und den anderen ist ein gesellschaftliches Verhältnis. Dies kann man nur verändern, wenn man die institutionellen Übergänge fließender macht. Dafür braucht man ebenso sehr die *objektiven* zeitlichen und materiellen Voraussetzungen wie die *subjektiven* kulturellen und mentalen Voraussetzungen. Ein anderes Berufsethos, den Habitus des Antiprofessionellen, muss man sich *leisten können*. Zur Verbesserung der dafür nötigen materiellen und zeitlichen Bedingungen brauchen wir ein neues Paradigma von radikaler Arbeitszeitverkürzung und Job-Sharing, der atmenden und durchlässigeren Lebensformen und Lebensverläufe. Man muss sich dieses andere Berufsethos, diesen verwandelten Habitus aber auch *leisten wollen*. Die in den jeweiligen kulturellen Professionen Herrschenden und relativ Privilegierten, also die offiziellen Repräsentanten des Profitums, lehnen dies bisher intuitiv ab und bekämpfen es sogar erbittert. Ein unangenehme Erfahrung, die ich immer wieder in öffentlichen Diskussionen mache, ist die Spaltung in eine theoretische Annahme emanzipatorischer Ideen auf der einen, eine praktische Ablehnung auf der anderen Seite, sobald es die eigene Identität beträfe.

Das betrifft nicht nur die großen Apparate der etablierten Hochkultur. In den letzten Jahrzehnten haben sich auch die freien Szenen und Subkulturen der bildenden Kunst, der performativen Kunst und des Theaters maximal etabliert und mit staatlichen Kulturbehörden und halbstaatlichen Förderanstalten vernetzt. Der Preis war eine starke Professionalisierung und Zurichtung zu touristischer und kulturindustrieller Verwertbarkeit. Die vielen Festivals und Biennalen schillern dabei zwischen politischer Indienstnahme und Stadtmarketing. Selbst wenn diese Kultur nach einem Ende der Pandemie durch alle möglichen Überbrückungszahlungen wieder aufblühen sollte, darf es kein »back to the old normal« mehr geben.

Auch in Kunst, Wissenschaft, der Literatur, darstellenden Künsten und Publizistik geht es darum, ob die um einen Kult von Professionalität, harter Arbeit, Entsagung und forciertem Vernetzungszwang herum aufgebaute Lebensweise der sogenannten Eliten und Leistungsträger weiterhin maßgeblich sein soll für die Masse der Kulturarbeiterinnen. Zu offensichtlich ist mittlerweile, wie wenig Lohn, in materieller wie symbolischer Hinsicht, für die allermeisten am Ende von jahrzehntelanger harter Arbeit übrig bleibt. Die Coronakrise führt dieses Phänomen nur noch einmal deutlicher vor Augen, und mit ihr die Notwendigkeit, noch stärker auf Distanz zu gehen zu den Normen und Weltanschauungen der großen professionellen Kulturmaschinen. Es geht hier weniger um eine Remarginalisierung als um die Aufnahme eines Kulturkampfs um die herrschende Lebensweise.

* * *

> *Why do people stay attached to conventional good-life-fantasies – say, of enduring reciprocity in couples, families, political systems, institutions, markets, and at work – when the evidence of their instability, fragility, and dear cost abounds? Fantasy is the means by which people hoard idealizing theories and tableaux about how they and the world »add up to something«. What happens when those fantasies start to fray – depression, dissociation, pragmatism, cynicism, optimism, activism, or an incoherent mash?*

(Lauren Berlant, *Cruel Optimism*, Durham: Duke University Press 2011, S. 2)

11.) *IN WÜRDE ALTERN*. BIOGRAFISCHE VERLAUFSKURVEN JENSEITS VON AUFSTIEGSMYTHOLOGIE UND ALTERSRASSISMUS

Angst vor Altersarmut gibt es mittlerweile in der gesamten Gesellschaft, auch bei Angehörigen der akademisch gebildeten Mittelschicht. Die wirklich existenziellen Fragen stellen sich zwar erst ab einem bestimmten Alter. Sie werfen aber ihre Schatten lange voraus. *Wie lange* lässt sich eine prekäre Existenz, ein Doppelleben von künstlerischer oder intellektueller Tätigkeit auf der einen, Teilzeitbroterwerb zum anderen aufrechterhalten? Die Möglichkeit, weiterzumachen, hat nicht nur mit den nötigen materiellen Mitteln des Überlebens zu tun, sondern auch mit den symbolischen Wertzuschreibungen, die jeweils an den verschiedenen Stufen des Erfolgs im Beruf im emphatischen Sinne, als Künstlerin, Schriftsteller, Wissenschaftlerin oder Publizist hängen. »Ist er eigentlich noch ein richtiger Künstler?«; »Ist sie noch in der Wissenschaft?«; »Kann sie von ihrer Arbeit leben?«

Die symbolische Gewalt wird, wie Bourdieu sagt, mittels der Zustimmung ausgeübt: also mit der stillschweigenden Zustimmung der ihr Unterworfenen zu den herrschenden Wertemustern. Sie sind institutionell fest verankert, in allen möglichen Normalisierungsmaschinen.

Der Altersrassismus ist verankert:

- in den impliziten und expliziten Normen des Arbeitsmarktes (in Privatwirtschaft und Öffentlichem Dienst gleichermaßen)
- in den Stellenprofilen und Laufbahnkategorien
- in den vorausgesetzten Vorstellungen beruflicher Werdegänge und den Normbiografien
- in den tariflichen Normalarbeitszeiten
- in der staatlichen Rentenversicherung und ihrem Punktesystem
- in den Förderprogrammen, Preisen und Stipendien der Wissenschaft, der bildenden und performativen Künste, die explizite oder implizite Altersbegrenzungen enthalten.

Der Alterungsprozess beginnt in Kunst und Musik noch früher als in den anderen kulturellen Berufen; und das früher als auf den anderen Arbeitsmärkten. Als ob es nur »Junge« gäbe und »Alte«, und nichts dazwischen. Wir fühlen uns irgendwann mit einem Mal alt. Ab dann beginnt alles anstrengender zu werden. Ein schleichender Wertverlust.

Der Altersrassismus, der ähnlich wie Klassenrassismus, Geschlechterrassismus, biologischer und Ethnorassismus subtil die ganze Gesellschaft durchzieht, nimmt dabei wie die anderen Rassismen auch diejenigen aus, die genügend ökonomisches, soziales und symbolisches Kapital akkumuliert haben, um den eigenen Kursverlust aufzuhalten, ja sogar noch weiteres Kapital zu akkumulieren. Sie, die relativ Herrschenden in den jeweiligen Feldern, die »Inhaber der Macht über das Spiel«, sind »von dem Elend einer nicht gerechtfertigten Existenz befreit« – sie müssen also nicht mehr ängstlich von den anderen die stets prekäre Rechtfertigung ihrer Existenz erwarten, denn sie sind diejenigen, die den anderen diese Rechtfertigung verleihen können:

> *Bekannt und anerkannt zu sein heißt auch die Macht innehaben, anzuerkennen, zu würdigen, zu dekretieren, was gekannt und anerkannt zu werden verdient.*[23]

Sie haben einen Namen und sind gefragt, das heißt, wie Bourdieu sagt: Ihr Risiko, uninteressant zu werden, ist gering. Die meisten anderen drohen mit zunehmendem Alter an Wert in den jeweiligen Professionssystemen zu verlieren. Man ist also der Angst vor der Entwertung der eigenen Person ausgesetzt – obwohl doch der Prozess der Erfahrung im Lebensverlauf eine immer größere Klarheit verleiht, oder verleihen könnte. Wieder werden wir unter die symbolische Gewalt der »Inhaber der Macht über das Spiel« gebeugt. Die symbolische Gewalt der Anerkennung spricht ja nicht nur Verdikte über die Gegenwart aus, über den Wert oder den mangelnden Wert unserer Arbeit und unserer

23) Pierre Bourdieu, *Meditationen*, Frankfurt am Main 2001 S. 305, 310, 311

Existenz jetzt. Sie spricht auch Verdikte über die ganze Lebensgeschichte und den ganzen Lebensverlauf bis hierher aus.

Die Macht des Altersrassismus liegt nicht nur darin, Verdikte über den abnehmenden Wert Älterer auszusprechen. Sie liegt wie bei jedem Terror in ihrem Abschreckungscharakter: in ihrer Macht, Unzählige in ihrem Verhalten und in ihrem Denken dahingehend zu beeinflussen, dass sie verzweifelte Versuche unternehmen, diesem Verdikt zu entgehen. Indem sie ihre Anstrengungen verdoppeln, um zumindest dem Bild zu entsprechen, das einer stabilen, aufsteigenden Verlaufskurve des Lebens entspricht. Indem sie sich um der Zukunft willen in der Gegenwart konformieren und zu einer falschen Lebensweise zwingen.

Progressive Desillusionierung erfordert daher die immer neue Einübung der Fähigkeit, andere Erwartungen auszubilden und eine andere Geschichte zu erzählen von dem, was wir tun, und dem, was wir sind. Es hat für die meisten wenig Sinn, eine solche Biografie linear als Kurve zu betrachten, mit den Kategorien von Aufstieg, Abstieg oder Stagnation. Nur eine kleine Minderheit entspricht objektiv den Anforderungen der Normbiografien – die anderen tun meist nur so. Der Lebensverlauf der meisten ist krumm oder kreisförmig, und die Bewertung seiner Qualität oder seines Gelingens hängt von anderen, komplexeren und subtileren Faktoren ab. Das biografisch-chronologische Muster, um welches heute eine ganze Welt des Biografiedesigns und

Impression-Managements entstanden ist, suggeriert eine lineare Entwicklung, die in Wirklichkeit nicht existiert.

In Würde altern können: Das erfordert nicht nur eine konsistente Politik gegen die Altersarmut, die als Angst vor der Verarmung in der Zukunft lange Schatten bis in die Gegenwart wirft. Also

– eine Reform sowohl des Rentensystems (in Form der Einführung einer Grundrente, die diesen Namen verdient)
– und eine Reform des privaten wie öffentlichen Arbeitsmarkts (mit seinen abscheulichen Formen der Altersdiskriminierung).

In Würde altern, das heißt auch, in einer anderen Logik der Zeit und des Zusammenhangs der Ereignisse und Tätigkeiten, der Bewertung von Arbeiten und Verausgabungen operieren und existieren zu können. Die Unwürdigkeit des Alterns, also das Risiko so vieler, liegt darin: diese Logik nicht erlernen und praktizieren zu können, sondern in einer Logik der falschen Berechnung und Spekulation auf Belohnungen zu verharren, an deren Ende dann die bittere Einsicht steht:

> Es hat sich nicht gelohnt. Ich habe nicht das bekommen, worauf ich, das professionelle Gesetz der Selbstverwertung befolgend, (insgeheim) spekuliert habe.

Die fortschrittliche Desillusionierung glaubt daran, dass eine Ernüchterung jenseits des Registers von Resignation, Verbitterung und Ressentiment möglich ist. Eine Aufklärung, eine Hellsichtigkeit und Klarheit, die befreit, anstatt nur Hoffnungen zu zerstören. Ein Leben versöhnt mit den Widersprüchen und Niederlagen des Lebens.

> *Inwieweit kann ich – innerhalb der Kontinuität meines Lebens – von neuem zu leben beginnen? Das* zweite *Leben kann, da es kein anderes Leben gibt, nur dieses Leben hier sein, wobei es sich fortsetzt und zugleich ausreichend von sich selbst dissoziiert, sodass ein Neubeginn sich abzeichnen kann, sodass etwas in unserem Leben neu ausgespielt werden kann. Und sogar so, dass unser Leben in seinem Ablauf selbst ein neues Leben gebären kann, das durch Abstandnehmen vom vorherigen – das heißt durch eine Abkehr vom gewöhnlichen Leben, durch ein Ausscheren aus der Spurrille,* ektos patou *– ein Leben ist, das endlich anfangen kann. Das also nunmehr auf Grundlage dessen gewählt wird, was bereits darin zu erkennen war. Dieses zweite Leben ist ein befördertes Leben, in dem wir* endlich *zu existieren beginnen.*

François Jullien, *Ein zweites Leben*,
Wien 2020, S. 16

12.) *PROGRESSIVE DESILLUSIONIERUNG UND SELBSTERMÄCHTIGUNG.* DURCHQUERUNG DES PHANTASMAS, REVISION DER ERWARTUNGEN

Das Bestreben, ein richtiges Leben zu führen, erfordert die Revision der Erwartungen, die wir mit dem eigenartigen Beruf der Künstlerin, des Schriftstellers, der Wissenschaftlerin, des Publizisten oder der Performerin verbinden. Es geht dabei immer um die Befreiung von schädlichen Illusionen. In der Psychoanalyse Lacans gibt es das Theorem vom Durchqueren des Phantasmas. Ein Phantasma ist ein Wunschbild, ein Traumbild, eine Illusion. Laut Lacans Doktrin lässt sich das für die Identität des Subjekts unabdingbare Phantasma nicht wie eine Ideologie durchschauen. Vielmehr muss man, wenn man nicht ein Phantasma einfach gegen ein anderes austauschen möchte, lernen, das Phantasma zu *durchqueren*, es *durchzuarbeiten*. Das heißt zu lernen, zwischen Fantasie und Realität zu oszillieren. Es heißt, das Phantasma in seiner Macht anzuerkennen, im Prozess des Durchquerens und Durcharbeitens aber eine größere Freiheit gegenüber den durch das Phantasma auferlegten Zwängen zu erlangen. Dies ist eine unendliche, unendlich lange Lebensaufgabe, die für den Psychoanalytiker Lacan natürlich identisch ist mit dem Weg und der Arbeit der Psychoanalyse.

Das ist zu bescheiden, man muss noch einen Schritt weiter gehen. Progressive Desillusionierung negiert nicht völlig die Bedeutung von Phantasmen für die Wunsch- und Identitätsbildung des Subjekts (die Sehnsucht nach Erfolg und Anerkennung). Aber sie greift die Macht des Phantasmas doch frontaler an und beansprucht stärker die Autorschaft über das eigene Leben. Zur Autorin des eigenen Lebens und seiner eigenen Geschichte werden – anstatt die vorgegebenen Phantasmen, Maßstäbe und Normen, die Ziele und Erwartungshaltungen an das Leben zu übernehmen. Dies ist die Aufgabe, die unzählige und völlig unterschiedliche Menschen je auf ihre Weise versuchen praktisch zu lösen. Im Mittelpunkt steht dabei die Figur der Selbstermächtigung. Ich schreibe, forsche oder mache Kunst, nicht weil ich dazu befugt wäre von irgendeiner höheren Instanz. Ich beauftrage und autorisiere mich selbst. Diese grundlegende Geste kann man insbesondere von schreibenden und malenden, zeichnenden, kulturschaffenden Frauen lernen, die sich in der Geschichte immer wieder gegen Widerstände dazu ermächtigt haben. Manche von ihnen wurden noch zu Lebzeiten, manche posthum anerkannt und von den jeweiligen kulturellen Disziplinen kanonisiert. Den meisten blieb dies verwehrt, was sie aber nicht davon abgehalten hat, sich selbst und einander zum Schreiben und Kunstmachen zu ermächtigen – und so eine Rolle zu spielen, eine Identität einzunehmen, die ihnen nicht angeboten wurde, und die, in den allermeisten Fällen, auch keine offizielle, autorisierte, professionelle Rolle war, sondern eben eine selbstermächtigte.

Dies ermöglicht, sein Leben zu schreiben, zu erzählen oder dazustellen, obwohl es ein »gewöhnliches Leben« ist. Dem privaten, eingeschlossenen, bedeutungslosen Raum des eigenen Haushalts und der eigenen Familie entkommen – sich selbst davon befreien, also zu jemand anderem werden, zu einer eigenen Person, die sich von der Rollenidentität der bloßen Hausfrau und Mutter zum Beispiel unterscheidet. Und sei es nur im Akt und im Prozess des Schreibens, im schriftlichen oder künstlerischen Ausdruck. Aber was heißt schon nur?

> *Die geistige Freiheit hängt von materiellen Dingen ab. Die Dichtkunst hängt von der geistigen Freiheit ab. Und Frauen sind immer arm gewesen, nicht erst seit zweihundert Jahren, sondern von Anbeginn der Zeit.* [...]
>
> *Denn ich glaube fest, wenn wir ungefähr ein weiteres Jahrhundert leben – ich rede vom gewöhnlichen Leben, welches das wahre Leben ist, und nicht von dem kleinen Einzelleben, das wir als Individuen führen – und jede von uns fünfhundert im Jahr und ein eigenes Zimmer hat; wenn wir die Freiheit gewohnt sind und den Mut haben, genau das zu schreiben, was wir denken; wenn wir dem gemeinsamen Wohnzimmer ein wenig entfliehen und Menschen nicht immer in ihrer*

Beziehung zueinander, sondern in ihrer Beziehung zur Wirklichkeit sehen.[24]

Die materielle und räumliche Befreiung (»fünfhundert im Jahr und ein eigenes Zimmer«), dient der symbolischen. Es geht hier um einen Identitätswandel: um einen Schnitt, eine Vervielfältigung in der persönlichen Identität. Es geht immer um die Flucht aus vorgegebenen geschlechtlichen, sozialen und professionellen Zuschreibungen, die den Einzelnen vorschreiben, wer sie zu sein haben. Der klare Blick auf die Wirklichkeit, den künstlerische und intellektuelle Arbeit produziert, ist also immer eine schöpferische Desillusionierungsmaschine.

Es ist bei Künstlern und Intellektuellen nicht anders als bei anderen Menschen: Unser Leben steht unter dem Bann von Illusionen und Phantasmen. Die feministische Kulturwissenschaftlerin Lauren Berlant hat das herrschende Lebensgefühl einer bisher nur latent, aber eben noch nicht manifest enttäuschten Erwartungsstruktur an das Leben als *Cruel Optimism* bezeichnet:

A relation of cruel optimism exists when something you desire is actually an obstacle to your flourishing. [...] *Lauren Berlant describes the cruel optimism that has prevailed since the 1980s, as the social-democratic promise of the postwar period*

24) Virginia Woolf, *Ein eigenes Zimmer. Essay*, Frankfurt am Main 2007, S. 111

in the United States and Europe has retracted. People have remained attached to unachievable fantasies of the good life – with its promises of upward mobility, job security, political and social equality, and durable intimacy – despite evidence that liberal-capitalist societies can no longer be counted on to provide opportunities for individuals to make their lives »add up to something«.[25]

Sowohl bei der (meist weiblichen) Sorge- und Hausarbeit wie bei der künstlerischen und intellektuellen Arbeit ist dies die Falle: sich weiterhin mit einer falschen Erzählung, einer falschen Erwartung, falschen Normalitätsannahmen zu vergleichen. Sich selbst an ihnen zu messen wie messen zu lassen. Es ist eine *permanente Arbeit der Sorge und Verausgabung ohne Rückzahlung*. Es ist falsch, auf diese Rückzahlung zu spekulieren: darauf, dass am Ende »it adds up to something«. Sinn, »Erfolg« oder Ergebnisse solcher Lebenswege und biografischer »Investitionen« lassen sich nicht äußerlich darstellen.

Die progressive Desillusionierung trägt der relativen Marginalität, dem Doppelleben, der Nichtidentität Rechnung. Der Unvollständigkeit und dem Scheitern. Dem Negativen. Den glamourösen und romantischen Anteilen des Boheme-Lebens ebenso wie den profanen Alltagsanteilen des Lebens und Überlebens, also auch der Lohnarbeit und den

25) Lauren Berlant, *Cruel Optimism*, Durham: Duke University Press 2011 (Klappentext)

Brotjobs, der Haus- und Sorgearbeit. Wir brauchen eine Erzählung, die sowohl aus dem Schatten des Phantasmas von gesichertem Aufstieg und Erfolg als auch aus dem Schatten des Opfers, der Minorität und der Selbstmarginalisierung heraustritt, in welchem unsere aus Rollen- und Gruppenidentitätszuschreibungen bestehende Kultur gerne die Frauen, die Künstler, die Unterschichten, die Prekären, die Migranten und andere »Fremde« gerne gefangen hält.

Progressive Desillusionierung: Bei genauerem Hinsehen bemerken wir, dass wir selbst es sind, die sich selbst und gegenseitig das Karottenhaltergestell des Kulturbetriebs immer wieder auf den Eselsrücken montieren. Jeden Tag aufs Neue, um unserem Dasein einen Sinn und eine Richtung zu geben. Progressive Desillusionierung, das bedeutet, dass wir uns gegenseitig die Illusionsmaschinen abmontieren helfen. Niemand kann dies ganz alleine für sich tun, und vielleicht ist die schlimmste Einsamkeit die Einsamkeit und das Leiden derjenigen und desjenigen, der schon ein ganzes Stück weit auf dem Weg der Klarheit, der Desillusionierung gegangen ist, aber das Gefühl hat, von den anderen dabei alleingelassen zu werden. Das Gefühl, seine, ihre geänderten Erwartungen an das Spiel würden von den anderen als Spielverderberei, Eitelkeit und Verrat wahrgenommen – nicht als ein Angebot, es ihr oder ihm gleichzutun, sondern als bloße Pose.

Wie das Hinterherlaufen hinter fiktiven Belohnungen ist der Prozess der progressiven Desillusionierung unendlich. Es geht dabei ebenso um die Verbesserung der Chancengleichheit im Spiel wie um die Umdeutung des Sinns des Spiels.

»Endlich zu existieren beginnen«: Das erfordert eine andere Klarheit im Verhältnis zum eigenen Tun. Es ist die desillusionierte Klarheit eines zweiten Lebens, das nicht etwa chronologisch ein zweites ist, sondern eine neue Sicht auf das Leben: Wiederaufnahme. Die bisherige bornierte Erwachsenheit professioneller Arbeits- und Lebensweisen, dieser ganze mangelnde Abstand zum eigenen Tun, erweist sich im Vergleich als infantile, unaufgeklärte Haltung, als stumpfsinnige Wiederholung von Routinen, als Hinterherlaufen hinter falschen Belohnungen und Zielen, als leere Wiederholung des Immergleichen ohne Erkenntnis- und Erfahrungswert.

> *Man kann also von einem »zweiten Leben« sprechen, nicht etwa weil man plötzlich mit einer »zweiten Sicht« begabt wäre, sondern weil sich in dem Blick, den man aufs Leben richtet, allmählich etwas Verstand abgelagert hat, weil über Nacht eine Art Klarsicht gekommen ist, sodass man endlich wahrzunehmen beginnt, nicht etwa hinter den Dingen – aufgrund eines Risses, der die Wahrheit einer anderen Ordnung, die uns sonst verborgen wäre, sichtbar macht –, sondern durch sie* hindurch. *Im dicken Teig des Lebens würden damit Zusammenhänge durchscheinen, die man zuvor nicht bemerkt hat. Das bedeutet, dass man*

nun eine Feinzeichnung *des Lebens zu erkennen beginnt, die in seinem Flechtwerk Konfigurationen sichtbar macht, innerlicher als man geglaubt hätte, und vor allem als man es uns je gelehrt hat (könnte man das überhaupt?) – das möchte ich Luzidität nennen.*

François Jullien, *Ein zweites Leben*,
Wien 2020, S. 17 f.

Die Luzidität des zweiten Lebens ist eine gelöste Klarheit. Sie ist lässig, weil diese Arbeit daran, endlich zu existieren zu beginnen, nur aus einer Distanz heraus möglich ist. Sie erfordert eine innere Unabhängigkeit ebenso wie das Eingeständnis der eigenen Verletzbarkeit, der Abhängigkeit von den anderen. Sie erfordert es, das Sprechen in der Ersten Person Singular zu lernen und das eigene Leiden und Wünschen besser zu artikulieren. Das beginnt damit, auf Distanz zu gehen zu den peinlichen Ritualen der Distinktion und der maskulinen Bedeutungsökonomie.

Professionelle Amateure zielen auf einen anderen Glamour ab, auf ein ganz anderes Leuchten als das der Hierarchie der Betriebssysteme. Sie versuchen, luzide zu werden und das Leben modellhaft zu führen – als ein *Mittel der Erkenntnis*, wie Nietzsche es nennt.

Nein! Das Leben hat mich nicht enttäuscht! Von Jahr zu Jahr finde ich es vielmehr wahrer, begehrenswerter und geheimnisvoller, – von jenem Tage an, wo der große Befreier über mich kam, jener Gedanke, dass das Leben ein Experiment des Erkennenden sein dürfe – und nicht eine Pflicht, nicht ein Verhängnis, nicht eine Betrügerei!

(Friedrich Nietzsche, »Fröhliche Wissenschaft«, Viertes Buch, Nr. 324, in: *Kritische Studienausgabe* Bd. 3, Hg. Giorgio Colli und Mazzino Montinari, München, Berlin, New York 1988, S. 552 f.)

13.) *EINE ANDERE ERZÄHLUNG – LEBEN ALS MODELL – ABRÜSTUNGSVERTRAG*

Eine andere Erzählung des Lebens wäre luzide. Desillusioniert, aber erleuchtet: »das Leben ein Experiment des Erkennenden«; »nicht eine Pflicht, nicht ein Verhängnis, nicht eine Betrügerei!« Die Desillusionierung versucht sich an einer lebenspraktischen Antwort auf Lauren Berlants Frage, was aus den Fantasien und Wünschen eines guten Lebens wird, wenn sie im Alltag zerrieben werden. Es wird nicht mehr ausreichen, es »gerade noch so schaffen« und sich anzupassen. Ja, für viele ist es so, dass »adjustment seems like an accomplishment«.[26] Aber es scheint nur so.

Ein Leben als Modell, als Experiment des Erkennens: Das heißt so leben und arbeiten, dass alle Handlungen und Verhaltensweisen zugleich als *Modelle* ihrer selbst verstanden werden können. Als Experimente. Das betrifft dann sowohl die materiellen und organisatorischen Aspekte kultureller Arbeit, die Beziehungen, in die wir dabei mit anderen treten, wie auch ihre Gehalte und immanenten Verhaltensweisen.

Progressive Desillusionierung hieße, dass wir, die Esel des Kulturbetriebs, endlich *zu zögern beginnen*. Das Tragische an der Krise der Kultur in der Pan-

26) Lauren Berlant, *Cruel Optimism*, Durham: Duke University Press 2011, S. 3

demie liegt ja daran, dass der Betrieb nicht selbst gewählt, sondern erzwungenermaßen innehält. Um das zu ändern, müssen wir noch einmal selbstständig eine Pause einlegen, mit Elementen eines Streiks, einer aktiven Verweigerung. Wir müssen einen *neuen Gesellschaftsvertrag* abschließen. Nicht nur im Bereich der normalen Ökonomie benötigen wir eine soziale Postwachstumsperspektive, um die Produktions- und Arbeitskapazitäten insgesamt zu drosseln und sie genauso wie die Löhne und Reichtümer besser auf die einzelnen Bürger zu verteilen.

Auch in der Kultur brauchen wir einen *Abrüstungsvertrag*: Wir unterbrechen die Rüstungsspirale der allgemeinen Mehrarbeitsbereitschaft und beginnen mit der Zivilisierung der verwilderten kulturellen Arbeitsverhältnisse. Das betrifft die ganze Haltung zum Betrieb, das Berufsethos, den Habitus von Künstlerinnen und Intellektuellen. Und es betrifft die gerechte Aufteilung sowohl der attraktiveren als auch der unattraktiveren Arbeitsgelegenheiten, im Bereich der Kultur ebenso wie in der Wirtschaft und in den staatlichen Behörden. Entgegen der inegalitären, sozialdarwinistischen und meritokratischen Logik einer »Gesellschaft der Singularitäten«[27], in der alle mit ihrem jeweiligen Platz in der sozialen Rangordnung identifiziert werden, zielt eine emanzipierte Gesellschaft auf eine neue Aufteilung sozialer Arbeit zwischen allen Bürgerin-

27) Andreas Reckwitz, *Die Gesellschaft der Singularitäten*, Berlin 2017

nen: sowohl der interessanteren, besonderen, »singulären« Tätigkeiten, als auch der uninteressanteren und gewöhnlicheren Tätigkeiten. Damit man sich nicht weiter immerzu zwischen tragischen Alternativen entscheiden muss. Damit nicht weiter die einen sich für die anderen »aufopfern« müssen (wie zum Beispiel die Partnerin des Künstlers Jens Risch, die mit ihrer Vollzeitlohnarbeit die künstlerische Arbeits- und Existenzweise ihres Partners ermöglicht).

> *If there is shit-work (as David Graeber calls it) that needs to be done in society that no-one wants to do, it should be fairly distributed throughout society, not left to the most marginalized.*[28]

Der Abrüstungsvertrag macht die Verteilung der jeweiligen Arbeiten und Belohnungen zu einer politischen Angelegenheit. Dadurch wird die Übernahme gewöhnlicher, gesellschaftlich notwendiger Haushalts-, Reproduktions- und Dienstleistungsaufgaben verallgemeinert und entstigmatisiert – ebenso wie auf der anderen Seite die sogenannten gehobenen Fähigkeiten und Verantwortungen aufhören, exklusiver Privatbesitz einiger weniger zu sein.

Ein *New Deal*: Der Abrüstungsvertrag stoppt die Überproduktion im Kulturleben, indem er zum

28) Max Haiven, »No Artist Left Alive«, in: *Arts of the Working Class* Nr. 11 / April 2020

einen eine generelle Stilllegungsprämie ausschreibt: einen solidarischen Fonds für die Arbeit der Sorge und Pflege kultureller Lebenswelten. Indem er zum anderen alle Modalitäten von Ausschreibungen, Stellenprofilen, Arbeitszeiten und Leistungserwartungen, von Honoraren, Gagen, Preisen und Stipendien neu überarbeitet und auf die neue Norm des Doppellebens, der Nichtidentität und Vielfalt der Existenz zuschneidet.

Der Abrüstungsvertrag zielt auf die Verringerung der objektiven ebenso wie der subjektiven Zwänge ab. Er entfaltet sowohl eine politische Verbindlichkeit, die auf neue Regeln, Standards und Institutionen als auch eine ethische Verbindlichkeit, die auf andere Gewohnheiten, Sprachregelungen und Bewertungsstandards abzielt. Politisch verbessert er die Arbeitsverhältnisse und verbreitert den Zugang zu einem Leben »für« Wissenschaft oder Kunst. Er ermöglicht es, von der entfremdeten Überproduktion und entfesselten Projektemacherei zu einer freien Haltung zur eigenen Arbeit überzugehen. Eine Schwierigkeit dabei sind die ethischen Widerstände aus den eigenen Reihen: Das Ressentiment gegen die unzähligen Versuche zu einem besseren Leben kommt ja nicht nur vom bürgerlichen Mainstream und den üblichen konservativen Intellektuellenfeinden. Es kommt auch von den fugenlos gegen Erfahrung und Fantasie abgedichteten nominell progressiven Kolleginnen und Kollegen, die sich ein anderes Leben als das bestehende kaum noch vorstellen können (und wenn, dann nur für die anderen, aber nicht für sich selbst). Unsere Aufgabe ist die beharrliche Arbeit an der Möglichkeit, an der Vorstellbarkeit und Wünschbarkeit einer solchen anderen Lebensweise.

Nicht mehr hinter der Karotte herzulaufen, das heißt, eine andere Norm aufzustellen. Es heißt, *ein Narrativ des Normalen, des Gewöhnlichen des Alltags* überhaupt erst einmal zu erfinden. Eine Geschichte, die dem gerecht wird, was schon längst von so vielen versucht wird und doch bisher noch nie ausreichend anschaulich gemacht, in Sprache gefasst und gewürdigt wurde. Das wahre Leben hat immer schon längst begonnen.

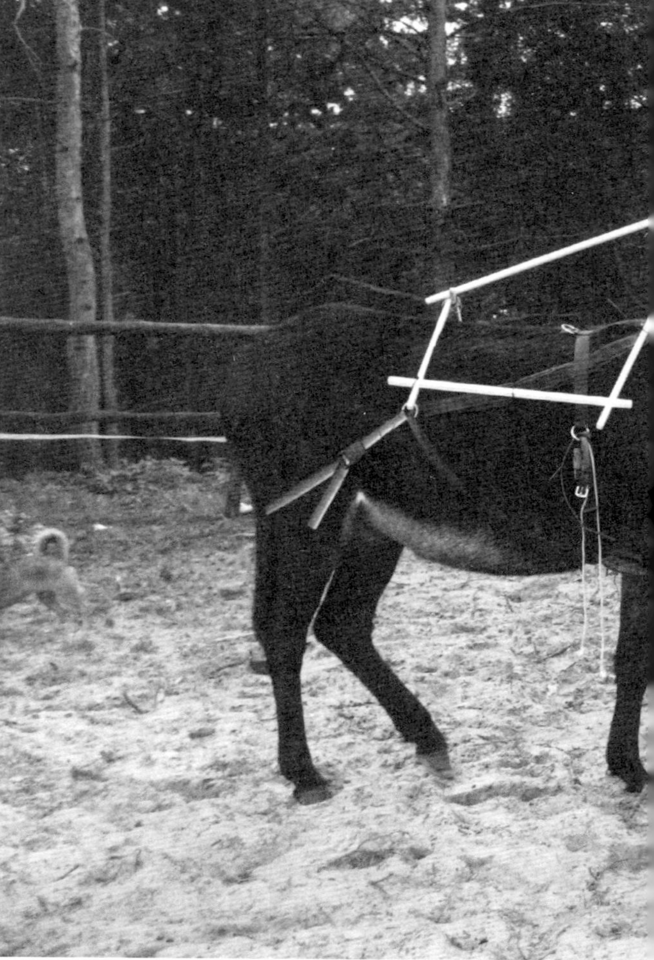